Dieses Buch gehört:

Kleine Schutzengelgeschichten

Mit Illustrationen von Guido Apel

gondolino

Reihenlogo: Klaus Kögler
Umschlagillustration: Michael Schober
ISBN 3-8112-2541-3

011

Der Umwelt zuliebe gedruckt auf chlorfrei gebleichtem Papier.

5 4 3 2 1

Inhalt

Der Tonengel

Engel sind die ältesten Lebewesen der Welt. Älter als Zwerge, Feen und Elfen. Sie sind sogar älter als die großen Zauberer. Also sind sie die mächtigsten Lebewesen auf unserem Planeten. Niemand kann es mit einem ausgewachsenen Engel aufnehmen.

Kleine Engel sind allerdings noch nicht ganz so stark. Und so geschah es vor vielen Jahren, dass ein kleiner Engel, der Jariel hieß, eilig durch die Gassen einer Stadt lief. Er hatte einen Moment nicht aufgepasst, und der Junge, den er beschützen sollte, war zwischen den Menschen in der Gasse verschwunden.

Jariel musste den Jungen unbedingt wieder finden. Doch überall standen Menschen und blockierten den Weg. Gerade, als er sich hinlegen wollte, um zwischen ein paar Beinen durchzuschauen, stampfte ein großes schwarzes Pferd seine Hufe neben Jariels Kopf auf das Kopfsteinpflaster. Jariel erschrak furchtbar und sprang auf. Dabei rempelte er einen alten Mann an.

„Kannst du nicht aufpassen, du Tölpel?“, rief der Mann durch einen langen grauen Bart.

„Nein, ich …“, antwortete Jariel.

Doch der Mann unterbrach ihn: „Und entschuldigen kannst du dich wohl auch nicht?“

Hinter dem alten Mann sah Jariel plötzlich die roten Haare des Jungen, auf den er aufpassen sollte. „Ich muss weiter!“, sagte er zu dem Mann.

„Dich werd ich lehren!“, rief der Mann und hob seine Hände, in denen ein kleiner Stab tanzte.

„Ich bin ein Engel! Erkennen Sie das etwa nicht?“, sagte Jariel trotzig und drehte sich um.

Da sagte der alte Mann mit einer lauten, schneidenden Stimme: „Ob ich das erkenne? Ich?“ Und dann schrie er laut: „Niemand wird dich je wieder erkennen!“

Jariel wurde mulmig zu Mute. Er zog sein winziges Flammenschwert, doch es war zu spät. Der alte Mann flüsterte die Silben eines Zauberspruchs, der so mächtig war, dass man ihn nicht aufschreiben kann. Im nächsten Augenblick war Jariel in eine hässliche kleine Tonfigur verwandelt, die nur entfernt an einen Engel erinnerte. Der alte Mann sah zufrieden hinab. „Du wirst so lange darin stecken, bis irgendjemand erkennt, dass du ein Engel bist."

Dann rückte er seinen spitzen blauen Hut gerade, warf den grünen Umhang um sich und ging. Die Menschen wichen ihm ängstlich aus. Sie kannten und fürchteten ihn. Er war Zerberon, einer der mächtigsten Zauberer, die die Welt je gesehen hatte. Doch er war auch ein verbitterter, alter Mann, der jeden, der ihm nicht gefiel, in etwas ziemlich Ekliges verwandelte. Oft endeten die Menschen als Kröte. Und wenn er besonders gemein war, verwandelte er sie in Schnabeltiere. Jariel war zu einer Tonfigur geworden und blieb auf der Straße liegen. Niemand traute sich, ihn zu berühren.

Erst am nächsten Tag nahmen ihn zwei Kinder und brachten ihn in einen Trödelladen. Der Inhaber gab ihnen eine

Münze für die unscheinbare Figur und stellte sie hinten in den Laden. Zwischen alten Büchern, schmutzigen Flaschen und stinkenden Kisten blieb sie dort 300 Jahre liegen.

Jetzt hingen Schilder mit der Aufschrift *Räumungsverkauf* und *Alles nur 50 Cent* im Schaufenster. Fast alles war bereits verkauft. Nur ein paar sehr alte und kaputte Dinge lagen noch in der Auslage. Und der Tonengel.

Lara sah ihn und spürte, dass er mehr war, als nur ein hässlicher Tonklumpen, der eher wie ein Teufel als wie ein Engel aussah. Sie ging in das Geschäft.

„Den Engel möchte ich gerne haben", sagte sie und zeigte auf ihn.

„Ach, ein Engel ist das", sagte die alte Verkäuferin. „Den wollte noch nie jemand. Ich glaube, der steht in diesem Geschäft, solange es meiner Familie gehört."

„Doch. Genau den!", meinte Lara und legte ein 50 Cent Stück auf die Theke.

Die Verkäuferin wunderte sich, dass irgendwer etwas so Hässliches kaufen wollte. Trotzdem wickelte sie den Tonengel vorsichtig in ein paar Lagen Seidenpapier. „Viel Spaß damit", rief sie Lara hinterher.

„Nimm das Ding vom Tisch!", rief ihre Mutter angewidert.

„Das ist kein Ding, das ist ein Engel, und der wird meine bösen Träume verjagen", sagte Lara trotzig.

Ihre Mutter berührte den Tonengel mit spitzen Fingern. „Das da? Das wird dir nur noch mehr Albträume verschaffen, so hässlich, wie es aussieht. Schaff es fort!"

Lara nahm den Engel und ging in ihr Zimmer. Sie stellte den Tonengel auf den kleinen Schrank neben dem Bett. Abends blätterte Lara ein wenig in einem Buch. Sie kannte die Geschichte auswendig und erzählte nun dem Tonengel, was sie auf den Bildern sah. Nach jedem Satz hielt sie das Buch hoch und zeigte es ihrem Tonengel. „Kannst du es erkennen?", fragte sie. „Siehst du die süße kleine Maus da hinten?"

Natürlich antwortete der Engel nicht. Tonfiguren können nicht antworten. Sie können nicht einmal nicken. Doch als Lara das Licht ausschaltete und dem Tonklumpen über den Kopf strich, ging ein leises Summen durch die Figur.

Der Mond ging langsam auf und schob sich vor das Dachfenster. Sein Strahl fiel genau auf Laras Gesicht. Da wurde sie plötzlich unruhig, begann, sich hin- und herzuwälzen. Der kleine Tonengel sah, wie sich vor dem Fenster schlechte Träume sammelten. Wie schmierige, dunkle Vorhänge schwebten sie auf und ab, auf der Suche nach einem Kind, das sie heimsuchen konnten. Gemeine Fratzen grinsten durch die Scheibe, lange knorrige Falten zeigten wie Finger auf das

Kind, und der erste Traum fuhr kalt und grau in das schlafende Mädchen.

Jariel wollte ihr helfen, doch so viel Mühe er sich auch gab, er konnte nicht einmal einen Arm bewegen. Er musste hilflos zusehen, wie Albträume das kleine Mädchen bis in die frühen Morgenstunden quälten.

Als Lara erwachte, hatte sie schlecht geschlafen. Ganz tief in ihrem Innern hatte sie gehofft, dass der Engel sie vor den bösen Träumen beschützen würde. Traurig sah sie ihn an. „Vielleicht bist du einfach zu klein", sagte sie und streichelte über seinen Kopf. „Aber bestimmt wächst du noch, und dann wirst du mir helfen." Einen Moment lang spürte Lara, wie der Engel leicht erzitterte.

„Ach, das hast du geträumt", sagte ihre Mutter, als sie ihr davon erzählte. „Und überhaupt, hätte ich eine so hässliche Figur neben meinem Bett stehen, dann hätte ich vermutlich die schrecklichsten Albträume meines Lebens."

Jariel fühlte sich zum ersten Mal seit dreihundert Jahren gut. Nun, gut ist vielleicht übertrieben, aber er fühlte wieder etwas. Und das war ein guter Anfang. Zufrieden sah er abends auf Lara hinab. Irgendetwas hatte das kleine Mädchen mit ihm gemacht. Etwas, das ihn wieder leben ließ, wenigstens ein bisschen.

Und als der Mond sich ins Fenster schob und die schrecklichen Träume auftauchten, konnte Jariel schon seinen Kopf bewegen. Er konnte sogar seine Arme bewegen. Aber das reichte nicht, denn noch waren seine Beine wie festgeklebt. Wieder konnte er nur hilflos zusehen, wie die Träume ins Zimmer flogen und über Lara herfielen.

Trotzdem lächelte Lara am nächsten Morgen, als sie den Engel sah. Sie streichelte über den rauen Ton und flüsterte: „Du wirst mir bestimmt helfen." Sie nahm den Engel vom Schrank und legte ihn zu sich ins Bett. „He, du zitterst ja!", sagte sie. Wie gerne hätte Jariel ihr geantwortet, dass er nicht zitterte, sondern vor Freude summte. Aber seine Lippen waren noch verschlossen.

Als Lara abends im Bett lag, sah sie den Tonengel lange an. Dann sagte sie: „Meine Mama glaubt mir nicht. Aber ich weiß ganz genau, dass du ein Engel bist. Und ich weiß auch, dass alles wahr wird, wenn man nur fest genug daran glaubt." Sie schaltete das Licht aus und fiel mit einem Seufzer in den Schlaf. Langsam begann Jariels Herz zu pochen.

Als der Mond aufging, drehte sich Jariel zum Fenster. Er spürte, dass er bereit war. Denn das Mädchen hatte ihn als Engel erkannt und glaubte an ihn. Der böse Zauber wurde schwächer. Jariel war zwar immer noch klein und aus Ton, aber sein Herz schlug fest, er konnte seine Arme bewegen, und er konnte sogar ein paar Schritte laufen. Die ersten bösen Träume vertrieb er mit Leichtigkeit. Dann kam der größte, schrecklichste, böseste aller Träume, Der-Schrecken-Der-Nacht. „Du wirst ihr nichts tun!", rief Jariel.

„Wer will mich davon abhalten? Ein Tonklumpen?", fauchte der Traum zurück und versuchte, Jariel vom Schrank zu wischen. Doch Jariel duckte sich weg und erwischte den Traum an seinem Ende. Ein Teil schwebte bereits über Lara, bereit, ihr eine fürchterliche Nacht zu bereiten.

„Nein! Lass sie in Ruhe!", rief Jariel und zog kräftig. Der Traum flog zurück, versuchte, Jariel zu packen. Doch Jariel wirbelte den Traum mit all seiner Kraft wieder und wieder durchs Zimmer. So lange, bis dem Traum schwindelig wurde.

„Hör auf! Mir wird schlecht!", flehte er.

„Wirst du dann für immer verschwinden?", fragte Jariel.

„Ja. Ja! Versprochen", winselte der Traum, der mittlerweile grün angelaufen war.

Jariel ließ los, der Traum fiel krachend in eine Ecke und war schneller als ein Blitz aus dem Fenster verschwunden. Doch mit den ersten Sonnenstrahlen spürte Jariel, wie seine Glieder schwer und steif wurden. Als Lara am nächsten Morgen erwachte, war er wieder eine Tonfigur.

„Er hat es geschafft. Ich habe keinen bösen Traum gehabt“, sagte Lara beim Frühstück.

„Das ist noch lange kein Grund, das Ding in die Schule mitzunehmen“, sagte ihre Mutter und sah angewidert auf Jariel herab. Doch Lara nahm ihn trotzdem mit.

Als sie aus der Haustür ging, spürte sie plötzlich einen Stoß und landete hart auf dem Boden. Ihr Rucksack fiel neben ihr auf das Pflaster, und alles kullerte heraus.

„He, du freches Gör! Kannst du nicht aufpassen?“, rief ein alter Mann durch einen langen grauen Bart. Lara sah hinauf. Der Mann trug einen altmodischen grünen Umhang und hatte einen komischen spitzen Hut auf dem Kopf.

„Mein Knie“, schluchzte Lara und rieb über ihr blutendes Knie.

„Wen interessiert dein Knie? Du hast den großen Zerberon angerempelt, du freches Ding.“

„Nein. Sie haben nicht aufgepasst und mich umgestoßen!“, sagte Lara.

„Werd nicht unverschämt“, drohte Zerberon.

Ja, Zerberon lebte immer noch. Er war nun unvorstellbar alt und grimmiger als ein Löwe mit Zahnschmerzen. Schon riss er seinen Zauberstab aus dem Umhang, um Lara in etwas Fürchterliches zu verwandeln. „Kröte oder Schnabeltier?”, überlegte er laut.

Da bewegte sich die Tonfigur. Sie knisterte und zerbrach. Ein Engel mit weißen Flügeln und einem Flammenschwert tauchte aus den Scherben auf. Zuerst war er nur ganz klein, aber dann wuchs er, wurde so groß wie Lara, so groß wie Zerberon und hörte nicht auf zu wachsen, bis sein Schatten den ganzen Bürgersteig bedeckte. Denn Jariel war zwar jahrhundertelang in der Tonfigur gefangen gewesen, aber er war in der Zwischenzeit auch dreihundert Jahre älter geworden. Er war ausgewachsen.

„Lass sie in Ruhe!“, drohte er und hob sein flammendes Schwert. Lara blieb die Spucke weg, Zerberon ließ vor Schreck den Zauberstab fallen. Jariel trat darauf und zersplitterte ihn wie ein Streichholz. „Ich sollte dich in einen Maulwurf verwandeln, du böser alter Mann“, sagte er mit einer Stimme, die Fensterscheiben erzittern ließ.

„Nein, bitte nicht!“, rief Zerberon, „ich will gut sein. Wirklich.“

„Ja. Alle wollen immer gut sein. Nur machen sie es leider nicht. Ich werde dir jetzt dreihundert Jahre Zeit geben, darüber nachzudenken, warum du so böse geworden bist.“

Jariel erhob sein Schwert, und ein Licht wie eine riesige Wunderkerze erfüllte den Bürgersteig. Zerberon schrumpfte auf die Größe einer Streichholzschachtel.

„Das kannst du nicht machen!“, rief er mit einer fipsigen Stimme. Doch man musste sich schon sehr weit herunterbeugen, um ihn zu hören. Schimpfend lief er davon. „Aber ich komme wieder“, rief er, „in spätestens dreihundert Jahren.“

„Du hast mich gerettet“, sagte Lara.

Jariel kniete sich auf den Bürgersteig. „Nein, du hast mich gerettet. Ohne dich müsste ich vielleicht noch viele hundert Jahre in der Tonfigur stecken. Ich danke dir. Und werde immer für dich da sein. Solange du lebst.“

Lara sammelte gerade die Tonscherben ein, als ihre Mutter aus der Haustür trat. „Na, endlich ist das scheußliche Ding kaputt“, sagte sie. Lara sah die Scherben an, dann schaute sie in den Himmel, in dem sie Jariel noch als kleinen Punkt sehen konnte.

„Ja. Endlich“, sagte sie.

Michael Engler

Bernsteinauge

Es ist schon fast Sommer. Für Nico heißt das: nur noch ein paar Tage Kindergarten, die letzten Kindergartentage seines Lebens überhaupt. Denn im Herbst kommt er zur Schule, endlich. Aber erst einmal wird Familie Lorenz, Nicos Eltern also, seine Schwester und er selbst, zu seiner Tante und seinen beiden Cousins an die Ostsee fahren. Drei lange Wochen!

Jeden Abend geht Nico jetzt ein bisschen eher schlafen, weil er festgestellt hat, dass die Zeit im Schlaf schneller vergeht. Und je schneller sie vergeht, umso eher sitzt er im Auto Richtung Urlaub. Außerdem kann er sich hinter den geschlossenen Augen das Meer vorstellen. Er sieht auch seine Cousins Hans und Jakob mit ihren beiden weißen Ziegen im Garten hinter dem Haus. Auf die Ziegen freut sich Nico fast noch mehr als auf seine Cousins. Er mag Ziegen. Er hat sie viel lieber als Hunde. Denn sie haben Zauberaugen, die alles zu wissen scheinen. Wenn eine Ziege blinzelt, dann ist das, als würde man einen Zauberring am Finger drehen. In dem Augenblick, wenn das Augenlid sich schließt, kann man sich alles wünschen, davon ist Nico überzeugt. Denn die Ziegenaugen sehen aus wie der gelbe Bernstein, den er mit seinen Cousins am Strand sammelt. Fällt Licht hinein, leuchten sie.

Am Tag vor der Abreise kommt Mama Lorenz auf die Idee, dass er und seine Schwester Ida ihrer Tante kleine Geschenke basteln könnten. Dafür hat Mama Lorenz Knete gekauft. Aber es ist diese besondere Art von Knete, die zum Schluss im Ofen gebacken wird, damit sie hart wird und nicht mehr verformbar ist.

Ida, die drei Jahre älter als ihr Bruder Nico ist, fängt sofort an. Sie klemmt sich die langen mausbraunen Haare hinter ihre Ohren, legt den Kopf etwas schräg und beginnt, auf ihrer Zunge zu kauen. Das kann Nico überhaupt nicht ausstehen.

„Hör auf!“, sagt er. „Das ist eklig.“

„Halt die Klappe, Winzling“, entgegnet Ida.

Winzling lässt sich Nico nicht nennen. Da wird er furchtbar wütend. Und dann kann es schon mal passieren, dass er seiner Schwester gegen das Schienbein tritt. Alles weitere ergibt sich von selbst. Nach zwei Minuten ist kein Kind mehr am Küchentisch zu sehen, aber darunter geht es zu wie in einem Raubtierkäfig. Da wird gebrüllt, gefaucht, gekratzt und gebissen, bis der Dompteur kommt und die Peitsche schwingt. Der Dompteur ist in diesem Fall Papa Lorenz, und seine Peitsche ist ein Donnerwetter.

Es fängt ja schon mal gut an, das Basteln für die Tante. Und dann verbraucht Ida fast alles Rot und Orange, sehr viel Grün und den größten Teil vom Blau, bevor Nico auch nur den Hauch einer Idee hat, was er kneten könnte. Das heißt, als er anfangen will, ist schon fast nichts mehr da. Nur Braun, Schwarz und Weiß.

„Mama, Ida soll ...“, will Nico gerade rufen. Plötzlich aber fällt ihm etwas viel Besseres ein.

Ida hat ein Haus gebaut mit einem echten Loch im Schornstein, das man mit Wasser füllen kann. Und da hinein kann man dann eine Blume stecken. Damit ist Nicos Schwester sozusagen zur Erfinderin der Hausvase geworden. Oder des Vasenhauses. Mama Lorenz bewundert das fertige Kunstwerk, und Ida strahlt. Das Schlimmste für Ida wäre jetzt, wenn Nico etwas basteln würde, das noch schöner wäre. Und genau das hat er vor.

Wer braucht schon Blau, Rot, Gelb oder Orange, wenn er Weiß hat! Nico wird eine weiße Ziege kneten mit einem braunen Fleck auf dem Rücken und schwarzen Hörnern. Aber das Beste ist: Er wird ihr Augen aus echten Bernsteinen machen, die er letztes Jahr am Strand gefunden und in einem Geheimversteck aufbewahrt hat.

Bernstein ist versteinertes Baumharz. Deshalb glänzt er auch so golden. Und deswegen ist manchmal eine Fliege oder ein anderes Insekt darin eingeschlossen. Das saß vielleicht gerade unter dem Baum, als das Harz aus der Rinde tropfte. Dann kam das Wasser und nahm den Tropfen samt der

Fliege mit. Es ist unglaublich, aber wahr, dass manche Insekten schon viele tausend Jahre im Bernstein eingeschlossen sind. Da muss er doch Zauberkraft haben! Wie die Augen von Ziegen eben. Und wenn sich die Tante über eine Ziege mit Bernsteinaugen nicht freut, dann, denkt Nico, fresse ich einen Besen mit Stiel und Borsten!

So sehr vertieft er sich in seine Arbeit, dass er überhaupt nicht merkt, wie die Sonne über den Himmel wandert und schließlich ganz knapp über den Bergen steht. Es ist Abend und bald Schlafenszeit. Nico befestigt das zweite Horn am Kopf der Ziege. Nur die Augen fehlen noch. Aus dem hintersten Winkel der untersten Küchenschublade holt Nico ein kleines Kästchen. Er öffnet es und gräbt mit den Fingern eine Weile darin herum, bis er zwei Bernsteine findet, die nicht zu groß und nicht zu klein sind. Gerade drückt er den ersten als Auge in den Kopf der Ziege, da hört er seine Schwester rufen: „Trickfilmblitze fangen an!"

Nico lässt alles stehen und liegen und läuft ins Wohnzimmer, in dem Ida mit Mama vor dem Fernseher sitzt. Papa Lorenz ist heute nicht dabei, weil er schon die Koffer packt. Nach dreißig Minuten Fernsehen beginnt Nico herumzuschnuppern. Da ist so ein komischer Geruch in der Luft. Mama Lorenz und Ida riechen nichts. Aber Nico hat keine Ruhe mehr. Er springt auf und läuft Richtung Küche. Als er davor steht, bekommt er plötzlich Herzklopfen, weil er etwas ahnt. Er öffnet die Tür und erblickt eine Katastrophe.

Die Mutter kommt gelaufen, dann Ida und dann der Vater. Im Backofen liegt das, was Nicos Ziege gewesen ist, mit eingeknickten Beinen und plattge-

drückter Nase. Einäugig noch dazu, weil Nico mit dem Basteln nicht fertig gewesen ist, als die Trickfilmblitze begannen. Aber wie Väter manchmal so sind, hat Papa Lorenz es zwar gut gemeint, aber nicht richtig hingeschaut, als er den Küchentisch aufräumen wollte. So hat er die unfertige Ziege einfach in den Backofen gestellt und die Temperatur viel zu hoch aufgedreht. Nun ist das Geschenk für die Tante geschmolzen, anstatt hart zu werden.

Über Nicos Wangen rinnen Tränenbäche, tropfen von der Nasenspitze, von seinem Kinn, fallen auf seine nackten Füße. Mama Lorenz schaltet den Backofen aus, befreit das verschlungene Gebilde aus der Gluthitze und lässt kaltes Wasser darüber laufen. Dann nimmt sie Nico auf den Arm und trägt ihn hinauf in sein Zimmer, in sein Bett. Sie streichelt ihm die Stirn.

„Ist doch nicht so schlimm", sagt sie. Nico dreht den Kopf zur Seite. „Bestimmt war es eine wunderschöne Ziege", meint die Mama weiter. „Aber jetzt ist sie noch immer wunderschön, nur anders als du sie dir vorgestellt hast."

Nico schluchzt.

Mama Lorenz küsst seine Nasenspitze. „Also, mir gefällt sie so gut, dass es mir am liebsten wäre, wenn wir sie behalten würden."

Nico zuckt mit den Schultern und fängt seine Tränen mit der Unterlippe auf.

Die Mutter nimmt Nico ganz fest in den Arm. „Ich weiß zwar noch nicht, was es für ein Wesen ist, diese verwandelte Ziege, aber ich nenne sie Bernsteinauge. Und sie wird mit uns in den Urlaub fahren." Bis Nico endlich einschläft, sitzt Mama Lorenz an seinem Bett, hält seine Hand und streichelt ihm den Kopf.

Am nächsten Morgen fühlt sich Nico ein bisschen müde und schwer, das ist immer so nach dem Weinen. Aber er ist nicht mehr traurig. Die Eltern beladen das Auto mit Koffern und Taschen, Luftmatratzen und Schlafsäcken. Es ist noch ziemlich früh am Morgen und etwas kühl. Die Sonne jedoch scheint bereits, und der Himmel ist blau bis auf ein paar Wölkchen. Es sieht nach einem ersten Urlaubsmorgen aus.

Endlich ist alles fertig. Mama Lorenz schließt die Haustür ab. Jetzt wird wahr, worauf sich Nico schon wochenlang gefreut hat: Sie fahren ans Meer! Aber kaum ist die Familie nur ein paar Minuten von ihrem Haus entfernt, da ruft Mama Lorenz aus: „Ich habe Bernsteinauge auf dem Küchentisch vergessen!“

Ohne zu murren, dreht Papa Lorenz um, vielleicht weil er immer noch ein schlechtes Gewissen hat. Die Mutter springt aus dem Auto und verschwindet im Haus. Als sie wieder herauskommt, ist sie etwas blass und still.

„Was ist denn?“, fragt der Vater.

„Eine der Herdplatten war noch an“, sagt Mama Lorenz leise. Plötzlich aber wird ihre Stimme munter. „Was soll’s, kann jedem passieren.“ Sie legt Nicos Ziegenwesen vor die Windschutzscheibe.

„Das Haus hätte abbrennen können“, sagt Papa Lorenz.

Ida ist entsetzt. „Das ganze?“

„Was für ein Glück, dass du immer was zu Hause vergisst“, sagt der Vater zu Mama Lorenz.

Zum zweiten Mal brechen sie auf. Die Sonne scheint kräftiger. Im Auto wird es ziemlich heiß. Als Ida zu jammern beginnt, sagt Papa Lorenz: „Sei froh, dass wir schon auf der Autobahn sind. Ab jetzt geht es ganz schnell." Er fährt gerade eine scharfe Linkskurve, als er das sagt. Und in dieser Linkskurve setzt sich Bernsteinauge in Bewegung, rutscht vom Armaturenbrett herunter und fällt dem Vater zwischen die Füße. „Sapperlot", ruft Papa Lorenz. „Dass die Ziege sich jetzt bloß nicht unter eines der Pedale klemmt!"

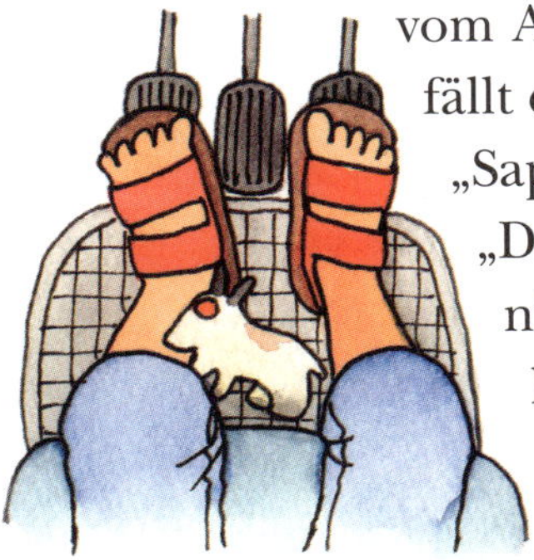

Mama Lorenz beugt sich zum Vater hinüber und versucht, Bernsteinauge zu erwischen, aber ihre Arme sind nicht lang genug. „Am besten fährst du auf den nächsten Rastplatz", sagt sie.

„Wenn wir so weitermachen, kommen wir nie an", grummelt der Vater. Bei der nächsten Gelegenheit biegt er dennoch rechts ab.

Bernsteinauge wird eingefangen und wieder vor die Windschutzscheibe gesetzt.

„Wenn wir schon einmal hier sind, essen wir am besten gleich was", schlägt die Mutter vor. Sie hat Butterbrote und hart gekochte Eier dabei.

So wird es gemacht. Anschließend klettert Nico auf einen Baum. Ida traut sich nicht. Papa Lorenz macht ein Mittagsschläfchen auf einer Bank im Schatten. Die Mutter setzt sich ins Auto und hört Radio. Nico lauscht der Stimme des Nachrichtensprechers aus der Ferne. Schließlich kommt Mama Lorenz herüber, sehr langsam und als wäre ihr ein bisschen schwindlig. Sie winkt Nico zu sich, nimmt seine Hände und sieht ihm in die Augen, bis ihm ganz unbehaglich wird. Dann schaut sie zu den Wolken hinauf, als suche sie dort irgendwas. Sie atmet tief ein, seufzt eigentlich schon fast. „Ich weiß jetzt, was Bernsteinauge ist", sagt Mama Lorenz.

„Ein Schutzengel", erzählt Nico seiner Tante und seinen Cousins, als sie am Abend endlich in dem Haus am Meer sitzen. „Erst ist Bernsteinauge einfach zu Hause geblieben. Deshalb mussten wir zurück, und Mama konnte die Herdplatte ausschalten. Und dann ist er genau zur richtigen Zeit runtergefallen. Hätten wir nicht anhalten müssen, wären wir in einen riesigen Unfall hineingekommen. Unser Auto wäre kaputt, und wir würden jetzt im Krankenhaus liegen."

„Ist das wahr?", fragt die Tante.

Die Eltern und sogar Ida nicken.

„Zeig mal, Nico", sagen die Cousins.

Nico streckt seine Hand aus.

„Das ist ja ein Engel mit Hörnern." Hans und Jakob lachen.

Aber Nico macht das nichts aus. Er riecht das Meer, und das Meer riecht nach Abenteuer. Bernsteinauge liegt warm in seiner Hand. Ein Engel mit Hörnern oder eine Ziege mit Flügeln – das ist doch ganz egal. Jedenfalls kann Bernsteinauge Wunder vollbringen, weil sein eines Auge leuchtet wie die Zauberaugen der beiden weißen Ziegen, die schon im Stall auf Nico warten.

Viviane Eisold

Der ängstliche Schutzengel

Rafael saß auf einer Wolke, ließ die Beine baumeln und blickte hinab auf die Welt. Sie ist so winzig, wenn man sie von hier oben betrachtet, dachte er vergnügt. Plötzlich stand ein alter Mann mit langem schlohweißem Bart neben ihm.

„Hallo Petrus“, sagte Rafael. „Was kann ich für dich tun?“

Mit einem Lächeln setzte sich Petrus neben ihn. „Ich habe einen neuen Auftrag für dich, Rafael.“

„Oh nein, ich habe doch gerade Ferien.“

Petrus seufzte. „Es tut mir auch Leid. Aber dieser Auftrag ist besonders schwierig. Und du bist einfach der beste Schutzengel, den ich habe!“

„Wirklich?“ Rafael grinste stolz. „Also schön, was soll ich machen?“

„Das Mädchen heißt Tina, ist sieben Jahre alt und hat vor allem Angst, was du dir nur vorstellen kannst. Vor Spinnen, vor der Dunkelheit und vor Monstern.“ Er schüttelte traurig den Kopf. „Daran musst du unbedingt etwas ändern, sonst traut sie sich bald gar nicht mehr aus ihrem Zimmer."

Puh, dachte Rafael, das wird nicht leicht werden. Aber er hatte bereits eine Idee!

Als Tina am nächsten Morgen aufwachte, saß Rafael am Fußende ihres Bettes und zwinkerte ihr zu. Im nächsten Moment schrie Tina panisch auf und zog sich die Bettdecke über den Kopf. „Hilfe, ein Einbrecher!"

Oje, dachte Rafael. Das wird noch schwieriger, als ich glaubte. Nun kroch er zu Tina unter die Bettdecke und begann, ebenfalls zu schreien. „Hilfe, Hilfe, ein Mensch!"

So ging das eine Stunde lang, bis Tina ganz heiser war und nicht mehr schreien konnte. „Was … was willst du von mir?“, fragte sie mit zittriger Stimme.

„Ich bin dein Schutzengel“, sagte Rafael und klimperte mit seinen Flügeln.

„Mein Schutzengel?“, fragte Tina. Sie starrte ihn misstrauisch an.

Rafael nickte. „Jeder Mensch hat einen Schutzengel, und ich bin deiner.“

Nun hellte sich Tinas Miene auf. „Das ist gut“, sagte sie. „Ich kann nämlich dringend einen Schutzengel gebrauchen. Ich habe so schreckliche Angst vor …“

„Iiiiih“, kreischte Rafael los. „Da krabbelt eine Spinne über den Teppich.“

„Was?“ Tina war ganz blass im Gesicht geworden. „Mach sie sofort weg!“

Rafael schüttelte den Kopf. „Mach sie selber weg! Spinnen sind das Ekligste, was es gibt!“

„Ich kann nicht“, sagte Tina. „Ich habe furchtbare Angst vor Spinnen.“

Rafael fing an zu schluchzen. „Biiiitte! Mach du sie weg!“

„Du hast ja noch mehr Angst vor Spinnen als ich“, sagte Tina überrascht.

„Und wie“, jammerte Rafael. Seine Stimme wurde immer schriller und quietschiger. „Und beeil dich, sonst versteckt die Spinne sich und dann wirst du sie nie wieder finden und sie wird für immer hier wohnen bleiben.“

„Ist schon gut“, schimpfte Tina. „Ich beeil mich ja schon.“ Rasch lief Tina in die Küche, um ein leeres Marmeladenglas zu holen. Damit fing sie die Spinne vorsichtig ein und brachte sie hinaus in den Garten. Als sie wieder in ihr Zimmer kam, lugte Rafael vorsichtig unter der Bettdecke hervor. „Ist sie weg?“

Tina nickte.

„Bin ich froh“, sagte Rafael.

„Du bist aber ein merkwürdiger Schutzengel.“ Tina hatte die Hände in die Hüften gestemmt. „Eigentlich ist es doch deine Aufgabe, *mich* zu beschützen.“

„Das stimmt“, antwortete Rafael schuldbewusst. „Das nächste Mal werde ich tapferer sein. Versprochen!“

Ein paar Tage später kam Tina aus der Schule und hatte schlechte Laune. Sie warf ihren Schulranzen in die Ecke und setzte sich stumm auf ihr Bett.

„Was hast du?“, fragte Rafael besorgt.

„Am Wochenende will unsere Lehrerin mit uns zelten gehen“, sagte Tina.

„Das ist doch toll“, meinte Rafael.

Aber Tina sah aus, als würde sie jeden Augenblick in Tränen ausbrechen.

„Was hast du denn?“ Rafael legte tröstend einen Arm um ihre Schultern.

„Es ist einfach grauenvoll!“, schniefte Tina. „Jeder von uns muss sein eigenes Zelt mitbringen, und dann schlafen wir die ganze Nacht im Freien!“

„Das kann doch spannend sein“, meinte Rafael aufmunternd.

„Spannend?“ Tina starrte ihn verzweifelt an. „Du verstehst es nicht. Sobald es dunkel wird, werden sie kommen und mich holen."

Rafael krauste die Stirn. „Wer wird dich holen?"

„Na, die Monster", sagte Tina ein wenig empört. „Weiß doch jeder, dass es im Dunkeln Monster gibt. Und so ein blödes Zelt kann mich ganz bestimmt nicht vor ihnen beschützen. Da brauchen sie nur den Reißverschluss aufzumachen, und schon haben sie mich!"

„Weißt du was", sagte Rafael da. „Ich werde einfach mitkommen und dich beschützen. Dann brauchst du keine Angst mehr vor den Monstern zu haben."

„Oh, das wäre klasse." Tina putzte sich die Nase. „Aber unsere Lehrerin wird das bestimmt nicht erlauben."

Rafael lachte. „Ich bin dein Schutzengel. Außer dir kann mich niemand sehen."

Nun lächelte auch Tina wieder. „Dann kann ja nichts schief gehen!", freute sie sich.

Aber als das Wochenende kam, kehrte auch Tinas Angst zurück. Also tat sie so, als ob sie die Grippe hätte. Sie hoffte, dann nicht mit zum Zelten

gehen zu müssen. Heimlich hielt sie das Fieberthermometer unter heißes Wasser, sodass es 70 Grad anzeigte.

Als Rafael das sah, verdrehte er die Augen. „Wenn du wirklich 70 Grad Fieber hättest“, sagte er, „würdest du wie ein Wunderstab glühen.“

Tina stieß einen langen, gequälten Seufzer aus. Dann kletterte sie aus dem Bett und packte ihre Sachen.

Wenig später holte der Schulbus alle Kinder ab und fuhr mit ihnen zum Campingplatz. Zuerst musste jeder sein Zelt aufbauen. Rafael half Tina heimlich dabei, sodass sie als Erste fertig war. Anschließend machte sich die ganze Klasse auf, um die Gegend zu erkunden.

Tina und ihre Freundinnen hatten viel Spaß. Denn sie hatten eine Weide mit Ponys entdeckt. Aufgeregt beobachteten sie die Tiere und streichelten sie, wenn sie nahe genug an den Zaun herankamen. Als es zu dämmern anfing, kehrten sie zum Zeltlager zurück. Die Lehrerin hatte in der Zwischenzeit Würstchen gegrillt. Die meisten Würstchen waren leicht angebrannt. Aber das war allen egal, weil sie so großen Hunger hatten. Nachdem sie gegessen hatten, erzählte ihre Lehrerin ihnen noch eine Geschichte. Anschließend sangen sie ein lustiges Lied. Sogar Rafael sang mit. Aber nur Tina konnte ihn hören. Zum Glück. Denn er sang grässlich schief.

„So“, verkündete die Lehrerin. „Jetzt wird es Zeit zum Schlafen.“

Mitten in der Nacht wachte Tina auf. „Hast du das gehört?“, fragte sie Rafael.

„J-Ja“, stammelte er und starrte mit großen Augen auf den Eingang des Zeltes.

„Vielleicht war es bloß der Wind“, sagte Tina. Aber sie klang nicht besonders überzeugt.

Rafael zitterte plötzlich. „Und wenn es die Monster sind“, antwortete er mit schriller Stimme.

„Was sagst du da?“, fragte Tina entsetzt. „Ich dachte, du hättest keine Angst vor Monstern.“

„Das … das hab ich nur gesagt, damit du mich nicht alleine Zuhause lässt.“ Rafael fing an zu wimmern. „Du musst unbedingt etwas gegen die Monster tun. Hörst du? Du musst sie verscheuchen. Sie dürfen uns nicht kriegen!“

„Was?“, keuchte Tina. Sie hatte die Augen weit aufgerissen. „Warum ich? Du bist mein Schutzengel. Außerdem habe ich mehr Angst als du …“

Rafael ließ Tina gar nicht erst ausreden. Vor lauter Furcht hatte er angefangen, wie ein Schlosshund zu heulen. „Tuuu schooon waaas!“

„Aber …“

„Biiiitte, Tina! Du musst mich vor den Monstern retten!“ Rafaels Gekreische wurde immer lauter und schriller.

„Sei endlich still“, schimpfte Tina plötzlich. „Wenn du so weitermachst, platzen mir gleich die Trommelfelle.“

Augenblicklich verstummte Rafael. „Und was hast du jetzt vor?“, fragte er ängstlich.

„Ich werde nachsehen!“ Tina nahm ihre Taschenlampe, zog den Reißverschluss ihres Zeltes auf und kroch nach draußen. Rafael folgte ihr, klammerte sich aber ganz fest an ihren Arm.

„Und?“, fragte er. „Kannst du sie sehen?“

„Hier sind keine Monster“, sagte Tina und ließ die Taschenlampe über die Zelte ihrer Mitschüler streifen. „Es war wohl wirklich nur der Wind.“

Rafael stieß einen erleichterten Seufzer aus. „Bin ich froh! Dann können wir ja jetzt wieder schlafen gehen!"

Als in der nächsten Nacht wieder der Wind um das Zelt heulte, beachtete Tina ihn gar nicht mehr. Sie drehte sich einfach auf die andere Seite und schlief weiter.

Als Rafael das sah, lächelte er zufrieden.

„Könntest du mir aus dem Keller ein paar Kartoffeln holen?", fragte Tinas Mutter ein paar Tage später.

„Klar", sagte Tina.

„Willst du das wirklich machen?", fragte Rafael ungläubig, als Tinas Mutter gegangen war. „Im Keller ist es furchtbar dunkel. Außerdem gibt es dort Spinnen und vielleicht sogar Monster und …"

„Oh, nein", unterbrach ihn Tina hastig. „Sei bloß still. Mir tun die Ohren jetzt noch von deinem Gejammer auf dem Zeltplatz weh."

Rafael sah sie erstaunt an. „Hast du denn überhaupt keine Angst mehr?"

„Natürlich habe ich Angst", sagte Tina und zuckte die Schultern. „Aber wenn ich nichts gegen die Angst unternehme, werde ich eines Tages genauso sein wie du."

Rafael klappte der Mund auf. „Wie ich?"

Tina nickte. „Und dann werde ich so viel Angst haben, dass ich mich nicht einmal mehr aus meinem Zimmer traue." Sie schüttelte den Kopf. „Das möchte ich nicht."

„Hm." Rafael zog ein nachdenkliches Gesicht.

„Weißt du was?", sagte Tina. „Eigentlich brauche ich gar keinen Schutzengel. Warum machst du nicht einfach Ferien und versuchst, etwas gegen deine Angst zu tun?"

„Das wäre sicher das Beste", stimmte ihr Rafael zu. „Aber Spinnen und Monster sind auch so was von …"

„Ach was", fiel ihm Tina ins Wort. „Wenn ich es geschafft habe, dann kannst du es auch."

Plötzlich nahm sie Rafael in

die Arme. „Ich wünsche dir viel Glück, und komm mich mal wieder besuchen.“ Dann ließ sie ihn wieder los. „So, jetzt muss ich aber endlich die Kartoffeln holen.“

Als Rafael wenig später auf seiner Wolke saß und die Beine baumeln ließ, stand plötzlich wieder Petrus neben ihm. „Gute Arbeit“, sagte er und klopfte dem Schutzengel anerkennend auf die Schulter. „Es war toll, wie du Tina klar gemacht hast, dass sie mutiger ist, als sie selber geglaubt hätte. Du hast einfach so getan, als hättest du noch mehr Angst vor den Dingen als sie.“

Rafael zwinkerte Petrus zu. „Na ja“, sagte er dann, „aber Spinnen sind wirklich ganz schön ekelig!“

Michael Borlik

Mafalda greift ein

Mafalda Morgenstern blickte mit verschlafenen Augen über den Rand ihrer Kaffeetasse hinunter auf die Erde. Es war früh am Morgen, und die Sonne war unten noch nicht aufgegangen. Die meisten Menschen schliefen noch tief, und Mafalda konnte in Ruhe ihren Morgenkaffee genießen. Sie seufzte tief, als sie über ihre Situation nachdachte. Mafalda Morgenstern war ein Schutzengel. Es war ihre Aufgabe, darauf aufzupassen, dass ihrem Menschenkind nichts Schlimmes passierte. Gleichzeitig musste sie aber auch dafür sorgen, dass es nichts Böses anstellte.

Mafalda hatte in den letzten zweihundert Jahren viel Pech gehabt. Zugegeben, sie war von Natur aus etwas leichtsinnig und gutgläubig. Aber dafür hatte sie bezahlt. Zur Strafe waren ihr nämlich die beiden Flügel abgenommen worden. Jetzt konnten alle anderen Schutzengel schon von weitem sehen, dass sie einen großen Fehler begangen hatte. Sie hätte genauso gut mit einem Schild herumlaufen können, auf dem in blinkenden Buchstaben *Versager* stand.

Doch das war nicht das Einzige, was unangenehm und peinlich war. Hinzu kam, dass sie nun nicht mehr sanft durch die Wolken gleiten konnte, sondern bei jedem Einsatz einen der lahmen Frachtaufzüge benutzen musste. Außerdem musste sie auf der Erde zu Fuß hinter ihrem Schützling herhecheln, wenn sie unsichtbar auf ihn aufpassen sollte.

Mafalda war sich klar darüber, dass etwas ganz Besonderes geschehen musste, damit sie ihre Flügel wiederbekam. Hilda Hochmut, die Oberengelin, hatte Mafalda schon lange auf dem Kieker. Und um diese strenge Engelin zu überzeugen, reichte es nicht aus, einem Schützling vor einem Fall vom Dreirad zu bewahren.

Im Moment hatte ihr Hilda eine besonders undankbare Aufgabe zugewiesen. Der siebenjährige Ben war ein richtiges Scheusal. Er schwänzte oft die Schule und wenn er einmal anwesend war, lenkte er seine Mitschüler im Unterricht ständig ab. Außerdem war er ganz schön hinterhältig und gemein. Er ärgerte jüngere Mitschüler, wo er nur konnte. Besonders hatte es Ben auf einen Erstklässler namens Tom abgesehen. Tom war im Gegensatz zu Ben schmächtig und schüchtern und wagte es nicht, sich gegen den Älteren zur Wehr zu setzen.

Mafalda, die Bens Treiben jetzt schon mehrere Monate mitangesehen hatte, ballte innerlich die Fäuste. Am liebsten würde sie dem Früchtchen gehörig die Meinung geigen. Aber das war verboten. Eine ähnliche Aktion hatte sie die Flügel gekostet. Mafalda seufzte nochmals aus tiefster Seele, während sich unten auf der Erde die ersten Menschen aus dem Bett quälten.

Tom hatte sich schon die ganze Woche auf den heutigen Tag gefreut. Die ganze Grundschule machte nämlich einen Tagesausflug zum Bodensee. Das war endlich einmal etwas anderes als das ewige Rechnen und Lesen. Doch kaum hatte Tom in einem der beiden Reisebusse Platz genommen, als er das Unheil schon kommen sah. Ben setzte sich genau hinter ihn! Sie hatten noch nicht einmal die Stadtgrenze hinter sich gelassen, als Ben schon begann, Tom zu piesacken. Immer wieder spürte Tom Bens Finger in seinem Ohr. Andauernd drückte ein Knie unangenehm gegen seine Rückenlehne. Aber Tom hatte sich vorgenommen, nichts zu sagen. Er wollte das alles einfach ignorieren. Mit dieser Entscheidung hatte er auch vorerst Erfolg. Denn als Ben merkte, dass Tom nicht auf seine Albernheiten reagierte, hörte er von alleine auf. Stattdessen fing er an, vor den Mädchen, die in seiner Nähe saßen, anzugeben. Er behauptete, der Stärkste der Klasse, der schnellste Schwimmer und der beste Taucher zu sein. Tom hörte nur mit einem halben Ohr hin. Er selbst war schon seit mehr als zwei Jahren im Schwimmverein und hatte gerade erst das Jugendschwimmabzeichen in Bronze gemacht.

Was Ben so alles von sich gab, konnte Tom kaum glauben. Aber letztlich war es ihm auch egal, ob alles stimmte, Tom hatte ohnehin keine Lust, sich mit ihm zu messen. Denn dabei konnte er nur verlieren. Wenn er langsamer als Ben schwamm, würde Ben sich über ihn lustig machen. Wenn er schneller schwamm, war ihm eine Tracht Prügel fast sicher.

Als schließlich die Busse auf dem Parkplatz hielten, stoben die Kinder nach draußen und die vier Betreuer hatten alle Hände voll zu tun, wieder Ordnung zu schaffen.

Als sich die Schüler schließlich einigermaßen sortiert hatten, begann die kurze Wanderung durch einen kleinen Wald, der in der Nähe des Bodensees lag. Es war vorgesehen, dass sich die Kinder nach dem Spaziergang im See abkühlen konnten. Tom versuchte, möglichst viele Kinder zwischen sich und Ben zu bringen, aber der ältere Junge war wie ein wilder Hund. Er schien zu spüren, wenn jemand Angst vor ihm hatte und er genoss es, diese Person zu jagen. Auch an diesem Tag folgte Ben Tom auf dem Fuß. Immer wieder schob er einen langen

Stock zwischen Toms Beine, um ihn stolpern zu lassen. Als das keinen Erfolg hatte, schubste er Tom und zog an seinem Rucksack.

Da wurde es Mafalda, die alles beobachtet hatte, zu bunt. Sie schwang sich mit einer Eleganz, die man ihren zweihundert Jahren nicht zugetraut hätte, auf Bens Rucksack. Auf einmal hatte der Junge genug mit sich selbst zu tun. Er schnaufte sichtlich unter der zusätzlichen Belastung und fiel schnell weit hinter Tom zurück. Die Mädchen, vor denen er so angegeben hatte, lachten, als sie sein schweißnasses, rotes Gesicht sahen. Doch das stachelte Ben nur noch an. Er würde es ihnen allen schon zeigen.

Endlich erreichten die Schüler den Bodensee. Das Wasser war tiefblau und sah an diesem heißen Sommertag erfrischend kühl aus. Herr Arnold, der die Oberaufsicht hatte, erklärte kurz: „Also Kinder, die Stadtverwaltung hat extra einen flacheren Teil für die Schwimmer abgegrenzt. Der Bodensee, wie viele andere Seen auch, hatte einige sehr tiefe Stellen, von denen kalte Strömungen aufstiegen. Es ist schon oft passiert, dass selbst gute Schwimmer in solche kalten Strömungen geraten und Herzprobleme bekommen. Außerdem gibt es weiter draußen Schlingpflanzen, die sich um eure Beine wickeln können. Ich möchte daher nicht erleben, dass sich jemand außerhalb des abgegrenzten Bereichs aufhält. Und jetzt, viel Spaß beim Schwimmen.“

In Nullkommanichts waren die meisten Kinder in ihre Badeklamotten gesprungen und planschten im kühlen Nass.

Ben warf einen Blick hinüber zu Nick, einem seiner Mitschüler. Die beiden hatten schon am Tag zuvor ausgemacht, heute ein Wettschwimmen zu veranstalten. Nick war nicht wohl in seiner Haut, besonders weil Herr Arnold ihnen ausdrücklich verboten hatte, jenseits der Absperrung im See zu baden. Aber er wollte auch nicht als Feigling dastehen und als sich ihnen die Gelegenheit bot, sich unbemerkt von der Gruppe zu entfernen, nutzten sie diese Chance.

Die vier Betreuer waren ganz und gar auf die Kinder im Wasser konzentriert und achteten nicht darauf, was hinter ihrem Rücken vor sich ging. Die beiden Wettschwimmer schlichen sich vorsichtig davon und stiegen etwas weiter entfernt ins Wasser. Etwa zweihundert Meter vom Ufer entfernt befand sich eine Boje. Es galt, zuerst zur Boje und dann zurück ans Ufer zu schwimmen. Auf ein Zeichen von Ben stießen sich beide ab und schwammen los, als ob ein Rudel Lehrer mit Unmengen von Hausaufgaben hinter ihnen her wäre.

Anfangs bemerkte niemand die beiden Ausreißer, doch als eine Gruppe Nichtschwimmer sie entdeckte und stürmisch Beifall klatschte, wurde auch Herr Arnold aufmerksam.

Mafalda schwamm Seite an Seite mit Ben und entschied, dass es an der Zeit war, ihrem Schützling eine Lehre zu erteilen. Er hatte schon einige Längen Vorsprung vor Nick, und Mafalda nahm sich vor, Ben so zu behindern, dass er das fast schon gewonnene Rennen doch noch verlor. Deshalb tauchte sie ab in die Tiefe des Sees.

Wie zufällig steuerte sie eine kühle Strömung nach oben und wickelte einige Schlingpflanzen lose um Bens Beine. Sie dachte, dass das alles nur ganz harmlos wäre. Was dann passierte, damit hätte sie nicht rechnen können. Ben strampelte erschrocken, als sich die ekligen Schlingpflanzen um seine Beine wickelten. Plötzlich fuhr ihm ein Krampf in die rechte Wade. Für einen Moment war das Bein vollkommen steif. Verzweifelt schlug er um sich, schluckte Wasser und wurde panisch.

Tom sah das alles aus der Ferne. Er erkannte auf den ersten Blick, dass etwas nicht stimmte. Ohne zu zögern, tauchte er unter der Absperrung durch und schoss wie ein Pfeil durchs Wasser. Dicht hinter ihm folgte Herr Arnold mit kräftigen Zügen und erreichte Ben kurz vor Tom. Aber Herr Arnold bekam Ben nicht zu fassen. Der Junge war so außer sich, dass er den Lehrer fast unter Wasser drückte. Tom, der im Schwimmverein auch Rettungsschwimmen gelernt hatte, packte Ben von hinten um die Brust, sodass dieser auf dem Rücken zu liegen kam. Jetzt konnte auch Herr Arnold eingreifen, und zu zweit

gelang es ihnen, den völlig erschöpften Ben ans Ufer zu bringen.

Herr Arnold war sichtlich beeindruckt von Toms Leistung, und alle Schüler bejubelten Tom, weil er Ben das Leben gerettet hatte.

Das Erlebnis blieb allerdings auch nicht ohne Folgen für Ben. Seit diesem Vorfall war der Junge wie verwandelt. Die Todesangst, die er verspürt hatte, zeigte seine Wirkung. Wenn er und Tom auch nie die besten Freunde wurden, so respektierten sie sich wenigstens gegenseitig. Außerdem war es seit dem Unfall nie wieder vorgekommen, dass Ben kleinere Kinder verprügelt oder geärgert hatte.

Aber auch für Mafalda Morgenstern änderte sich vieles. Mit grimmiger Miene gab Hilda Hochmut ihr ihre Flügel zurück.

„Ich würde zu gerne noch wissen, wie du das hinbekommen hast, aus einem solchen Rüpel ein ordentliches Kind zu machen?“, fragte Hilda.

„Tut mir Leid. Das ist mein persönliches Schutzengelberufsgeheimnis“, gab Mafalda zur Antwort.

Oliver Höger

Die dunkle Seite des Mondes

Julia lebt nicht gerne in der großen Stadt. Die Stadt ist ihr zu laut, die Straßen zu eng, die Häuser zu grau. Erwachsene rempeln und stoßen sich an, und auf kleine Kinder nehmen sie gar keine Rücksicht. Auf den wenigen Spielplätzen stehen gemein aussehende Jugendliche und rauchen, und in den Parks knurren und geifern dunkle Hunde.

Julia wünscht sich, auf dem Land zu leben. Dort, wo gurgelnde Bäche durch satte Wiesen sprudeln, sanfte Hügel von blühenden Pflanzen bewachsen sind. Wo es Bäume gibt, die reifes Obst tragen und starke Äste haben, sodass Kinder in ihnen klettern können.

Aber es geht nicht. Ihre Eltern wollen in der Stadt bleiben. Was kann ein kleines Mädchen da schon ausrichten? Nichts.

„Du hast doch so viele Spielsachen und ein so schönes Zimmer", sagen die Eltern immer wieder. Das stimmt: Julias Zimmer ist über und über mit

Spielsachen voll gestellt. Doch sie mag diese Dinge nicht mehr. Sie sehnt sich danach, barfuß über Wiesen zu laufen, Schmetterlinge zu beobachten und mit anderen Kindern herumzutoben.

Manchmal vergisst Julia diesen Wunsch. Und manchmal kommt er mit einer solchen Heftigkeit, dass sie traurig wird. So auch an jenem Abend, an dem sie auf den Herbstvollmond wartete.

Die Sonne war hinter den Häusern versunken, und der Horizont flackerte orange wie eine Apfelsine. Julia saß an ihrem offenen Fenster. Unten quietschte die Straßenbahn, die Alarmanlage eines Autos hupte schon seit zwei Minuten ihr Müüp-Müüp-Müüp, und dort hinten stritten sich zwei Männer sehr laut.

Jetzt flammten die Straßenlaternen auf. Auch in den Fenstern gingen die Lichter an, und bald würde es in der Stadt wieder hell sein. Zu hell, als dass die Sterne am Nachthimmel funkeln könnten. Einmal, am Meer, hatte Julia tausende von Sternen am nachtschwarzen Himmel beobachtet. Doch der

Himmel über der Stadt wurde nie richtig dunkel. Julia wusste, dass es Milliarden von Sternen gab, doch sie hatte sie niemals gesehen.

„Wenigstens den Mond kann man hier sehen", sagte sie leise. Und da kam er auch schon: Schwer und silbern schwamm er durch den schmutzigblauen Abendhimmel. Sie kniff die Augen ein wenig zusammen, um besser schauen zu können. Sie glaubte, Berge und Täler zu entdecken, dann wieder schien ihr die Mondscheibe wie ein lächelndes Gesicht. „Wie schön muss es dort oben sein", murmelte sie.

„Es ist zauberschön", hörte sie eine Stimme.

Sie sah sich um. Hinter ihr stand ein Engel. Strahlend und klar wie der erste Schnee. „Du bist ein Engel, stimmt's?", fragte Julia.

Der Engel nickte. „Mein Name ist Aquariel", sagte er mit einer Stimme, voll und weich wie ein Marzipanbrot.

Julia war nicht überrascht, einen Engel zu sehen. Denn zur Zeit des Herbstmondes geschehen viele seltsame Dinge. Doch eine Frage brannte auf ihren Lippen: „Woher weißt du, wie es auf dem Mond aussieht?“

„Für uns Engel gibt es keinen Flecken in diesem Universum, den wir nicht kennen.“

„Das muss schön sein.“ Julia seufzte.

„Willst du den Mond sehen? Ganz nah, meine ich“, sagte der Engel.

Julia glaubte, nicht richtig verstanden zu haben. „Ich? Warum?“

„Weil heute Herbstmond ist und dein Haar silbern glänzt.“

„Aber mein Haar ist blond.“

Der Engel nahm sie bei der Hand und führte sie zum Spiegel neben dem Schrank. Tatsächlich, ihr Haar war nicht mehr blond. Es strahlte silbern im Licht des Mondes.

„Kinder mit silbernem Haar dürfen in der Herbstmondnacht zur dunklen Seite des Mondes reisen. Der Seite, die nur Kinder sehen können.“

Ein Lächeln schwebte über Julias Gesicht. Aber dann fiel ihr ein: „Wie soll ich denn dahin kommen? Du hast Flügel, und damit kann man vielleicht zu anderen Sternen reisen. Aber ich …"

„Du hast doch auch Flügel."

Julia drehte sich um und sah im Spiegel, wie weiße Flügel von ihren Schultern wogten. „Damit kann ich zum Mond fliegen?"

Der Engel nickte und zeigte zum Mond. „Ja. Solange du auf seinem Strahl reist, wirst du schneller sein als das Licht." Julia sah zum Mond hinauf. Er schien ihr plötzlich unendlich weit entfernt. „Keine Angst", sagte der Engel, „ich begleite dich." Da nahm er ihre Hand, und gemeinsam schwebten sie aus dem Fenster. Sie flogen höher, bis die Lichter der Stadt wie kleine Tannenbaumkerzen unter ihnen flimmerten. Der Engel deutete auf einen Mondstrahl, der sich durch eine Wolke brach. Sie schwebten darauf zu, und Julia geriet in einen Strudel aus gleißendem Licht. In ihren Ohren rauschte

es wie die Wellen der See. Sie entfernten sich von der Erde. Tiefer und tiefer ging es in das unbekannte All hinein.

Das Rauschen in Julias Ohren ließ nach. Stattdessen hörte sie nun einen klaren, hohen Harfenklang. „Was ist das?“, fragte sie, denn ihr Vater hatte einmal erklärt, dass es im Weltraum keine Geräusche gibt.

„Die Sonne“, antwortete der Engel.

„Ich höre die Sonne!“, rief Julia und fing an zu lachen. Weil sie niemals etwas Schöneres gehört hatte als diesen Klang warmer Wellen.

„Warte nur ab. Dort, wo wir hinfliegen, gibt es noch viel schönere Dinge“, sagte der Engel.

Bald erreichten sie den Mond. Schon erkannte Julia schroffe Berge und sanfte Hügel. „Wie schön!“, rief sie.

„Wie sind noch nicht am Ziel“, sagte der Engel und flog mit Julia an der Hand einen weiten Bogen um den Mond herum. Einen kurzen Moment trieben sie durch das tiefste Schwarz, das Julia je gesehen hatte. Sie hatten die dunkle Seite des Mondes erreicht. Dann wurde es wieder hell. Aber es war nicht mehr das Licht der Sonne, die den Mond anstrahlte, nein, der Mond leuchtete aus sich selbst heraus.

Julia sah grüne Länder und endlose Meere. Sie sah goldene Berge mit silbernem Schnee auf ihren weiten Dächern. Bergbäche sprudelten und strudelten und stürzten schnell ins Tal hinab. An einem hohen Wasserfall hob Aquariel seine Hand, und der Bach stand still. „Die Quelle des Silberflusses“, sagte Aquariel. Wie ein Perlenvorhang reichte sein Wasser hundert Meter tief. Julia flog daran hinunter, und dann flog sie hindurch. Sanfte Kühle umfing sie. Wasser, trocken und weich wie ein Wattebausch, streichelte ihren Hals. Sie rutschte am Wasserfall hinunter wie auf einer Rutschbahn und landete kreiselnd im Bachbett im Tal.

Mit Aquariel folgte sie dem Bach, der breiter wurde und bald gemächlich plätscherte, dann in einen großen Fluss überging. Der Silberfluss durchschnitt die Berge, und die beiden flogen an glatten Felswänden entlang, die über und über mit funkelnden Edelsteinen und blitzendem Gold durchwirkt waren.

Vor ihnen breitete sich das Land aus. Wiesen strömten die Berge hinab. Sie waren kunterbunt und mit unbekannten Blumen gesprenkelt. Blumen mit seltsamen Namen wie Elterntreu und Kinderglück, Lirum Larum und Puschelblume, und die Bäume darauf nannte Aquariel Silberpappel, Glitzerbuche, Flimmerbirke und Glimmerweide.

Vögel begleiteten ihren Flug. Schneetauben und Traumjäger, Silberkehlchen und Saphirspechte. Ein Perlenadler glitt majestätisch an ihnen vorbei, und ein Juwelenvogel kam so dicht heran, dass Julia sein blaugrün schimmerndes Forellenkleid berühren konnte.

Samtblauer Himmel umarmte das flache Land. Julia sah hoch. „Wo sind die Sterne?“, fragte sie.

„Warte ab“, sagte Aquariel und lächelte. Pfade und Wege schlängelten sich durch wogende Felder voller Korn wie Vanillesoße auf Karamellpudding. Aquariel zeigte nach vorn: „Der Mondbaum, älter als die Erde und älter als das Lachen der Kinder.“ Julia flog darauf zu. Seine Rinde war weiß und glatt, an seinen Zweigen wuchsen Blätter, die wie Zimtsterne aussahen.

„Wie schön es hier riecht!", rief Julia und flog dichter heran.

„Nelken und Apfelsinen", sagte Aquariel.

„Ja, wie Weihnachten", fand Julia. Unter dem riesigen Blätterdach tanzten und tollten Kinder mit silbernem Haar umher. Ihr Lachen flirrte wie Glockenklang durch die Luft.

„Jetzt weißt du, woher das Kinderlachen kommt", sagte Aquariel.

Schließlich erreichten sie das Meer. Es war von unten angestrahlt, und leuchtete in funkelndem Grün und Blau. So klar und rein, dass Julia von hier oben bis auf den Grund blicken konnte. Sie sah Korallengärten rot und orange, in denen Schmetterlingsfische und Paillettenquallen Verstecken spielten. Sie erblickte Hammerhaie, Bohrerbarsche, Schraubenschollen und, welch ein Glück, sogar einen Zangenzander.

Wellen rauschten und bauschten sich auf, brachen das Licht, sodass über jeder Welle ein kleiner Regenbogen schwebte.

„Wie schön“, sagte Julia.

„Möchtest du auf den Wellen tanzen?“, fragte der Engel.

Und ob Julia das wollte: „Aber, kann ich das denn?“

„Tausend Engel tanzen auf einer Nadelspitze, da werden wir zwei doch wohl auf einer Welle reiten können“, sagte der Engel, und in der nächsten Sekunde standen sie auf einer Welle, die ruhig auf das Ufer zuströmte. Julias Füße wurden nicht nass, sie stand auf einem Bein und als sie herausfand, wie man richtig balancierte, begann sie, sich zu drehen, sprang nach vorn in die Luft und wurde von der herannahenden Welle sanft aufgefangen. Julia schlug ein Rad, wirbelte auf die nächste Welle, sprang hoch und drehte sich ausgelassen in der Luft. Sie entdeckte auf den Wellen neben sich hunderte von Kindern, die Purzelbäume schlugen und Saltos machten.

„Hier könnte ich ewig bleiben!“, rief Julia.

„Dir ist leider nur eine Nacht gegeben. Wir müssen uns beeilen!“, sagte Aquariel. Julia schlug traurig ihre Augen nieder. Da stieß Aquariel sie an und meinte: „Es ist nur eine Nacht. Aber es ist eine, die ewig wirkt. Komm, wir müssen los. Es gibt noch etwas zu entdecken."

Sie ließen sich von der Welle am Strand absetzen. Hinter den Dünen bedeckte sattes grünes Gras das Land. „Wie weich es unter den nackten Füßen kribbelt." Julia lachte. In diesem Moment trötete es plötzlich neben ihr. Erschrocken sprang sie zurück. Gerade noch rechtzeitig, um einer Gruppe von winzigen Elfen auszuweichen, die auf den Rücken weißer Kaninchen im wilden Galopp über die Wiese flogen.

„Die Elfen sind schon unterwegs, wir müssen uns beeilen", sagte Aquariel. Unterwegs begegneten sie Feen und Nixen, Zwergen und Zauberern, und alle hatten das gleiche Ziel: den Mondbaum.

„Aber den kenne ich doch schon“, sagte Julia enttäuscht.

„Nicht das, was jetzt geschehen wird“, erklärte Aquariel und gab ihr eine Wunderkerze. Julia zündete sie an.

Im nächsten Augenblick erhob sich ein Feuerwerk aus dem Mondbaum, wie kein Mensch es je gesehen hat. Drachen aus Funken stoben in den sternenlosen Himmel. Lichtschlösser wuchsen aus den Zweigen des Baums, und Berge aus Flitter warfen sich empor. Tausend Leuchtraketen zauberten einen Regenbogen an den Himmel, und an ihren Enden erschienen Töpfe voller Gold.

Vögel flogen aufgeregt durch die Leuchtspuren, Kinder standen mit offenen Mündern, Elfen nahmen sich an der Hand und tanzten einen Kreis um Julia. Zwerge applaudierten, und Zauberer verneigten sich.

„Sie ist die Königin der Nacht, Prinzessin des Mondes“, sangen sie im Chor. Julia war glücklich wie nie zuvor in ihrem Leben. Doch dann strömte eine honigsüße Schläfrigkeit aus den Blumen zu ihren Füßen. Sie gähnte und fragte: „Ist es schon vorbei?“

„Noch nicht ganz“, sagte Aquariel.

All die Bilder aus Leuchtraketen lösten sich auf. Berge barsten, und Schlösser zerstoben. Die Funken wirbelten wild umher, tanzten zum Himmel hinauf und ließen sich, einer nach dem anderen, am Himmel nieder. Von dort glitzerten sie als Sterne.

„Sterne, Millionen Sterne“, flüsterte Julia.

„Und du hast sie gemacht“, sagte Aquariel.

Etwas rieselte auf Julia hinab. Sie fuhr sich mit den Fingern durchs Haar. Feiner als Sand glimmerte etwas auf ihren Fingerspitzen.

„Was ist das?“, fragte sie.

„Sternenstaub“, antwortete Aquariel.

Sie erreichten gerade noch den letzten Mondstrahl, der sie zur Erde zurückbrachte. Müde und zufrieden fiel Julia sofort in einen tiefen Schlaf. Am nächsten Morgen erzählte sie ihrer Mutter, was in der Nacht geschehen war. Die aber lachte und sagte: „Das hast du geträumt." Dann strich sie Julia durchs blonde Haar.

Erst später, als Julia längst zum Spielen draußen war, wunderte sich ihre Mutter, was da an ihren Fingern klebte. Feiner als Sand glimmerte etwas auf ihren Fingerspitzen.

Michael Engler

Meine Freundin Naomi

Vor ein paar Tagen ist sie mir endlich wieder einmal über den Weg gelaufen: meine kleine Freundin Naomi. Wir standen an einer Ampel und warteten auf Grün. Sie auf der einen, ich auf der anderen Seite. Als sie mich sah, lachte sie, und ich winkte ihr zu.

Naomi ist ein Mädchen mit einer Haut wie Vollmilchschokolade. Ihr Papa hat mindestens hundert rabenschwarze Zöpfe auf dem Kopf und kommt aus Afrika. Ihre Mama ist eine große Frau mit Sommersprossen im Gesicht. Sie ist Schwedin. Die Schweden wohnen ganz oben im Norden und die Afrikaner ganz unten im Süden. Getroffen haben sich Naomis Papa und Mama genau in der Mitte. Nämlich bei uns. Weißt du, wo? In der Eisdiele am Marktplatz, in der du bestimmt schon mal ein Erdbeereis mit Sahne gegessen hast. Und weil der Mama von Naomi die schwarzen Zöpfe vom Papa von Naomi so gut gefielen, und weil der Papa von

Naomi die Sommersprossen von Naomis Mama zum Küssen schön fand, verliebten sie sich. Ungefähr zwei Jahre später, es blühten gerade die Maiglöckchen, wurde Naomis Mama schwanger. Und im nächsten Jahr, es taute eben der letzte Schnee, kam das Baby auf die Welt.

Wenn Naomi lacht, kannst du zwischen ihren dunklen Lippen die Zähne richtig leuchten sehen. Mich hat das immer an den Mond erinnert, wenn er als Sichel am Himmel steht. Und Naomis Lachen ist ansteckend. Sogar dann, wenn einem gar nicht nach Lachen zu Mute ist, so wie beim Zahnarzt. Jeder lauscht auf das leise Surren des Bohrers hinter der dick gepolsterten Tür. Und nicht nur die Kinder fürchten sich, glaub mir! Ich zum Beispiel suche mir aus den Zeitschriften, die auf dem Tischchen im Warteraum liegen, die allergrößte heraus. Es ist mir ganz egal, was darin steht. Ich brauche sie nicht zum Lesen. Ich brauche sie zum Verstecken. Einmal aber, ich hatte mich gerade hinter meiner Wand aus bedrucktem Papier eingerichtet, hörte ich eine bekannte Stimme. Ich schaute vorsichtig

über den Rand der Zeitschrift. Und wirklich: Mir gegenüber saß Naomi und strahlte!

„Du siehst aus wie eine Zeitung auf Streichholzbeinen“, sagte sie, nahm so ein Käseblatt vom Wartezimmertisch, faltete es auseinander und hielt es vor ihr Gesicht. Plötzlich war sie bis zum Bauchnabel verschwunden. Nur die kurze rote Hose sah man und die geringelten Söckchen. Naomi stand auf, streckte die Beine und machte ein paar elegante Tanzschritte. Sie geht nämlich zum Ballett und kann das sehr gut. Es schien aber eigentlich, als tanze die Zeitschrift, die sich in meiner Fantasie in einen dicken viereckigen Kopf verwandelte. Er endete in zwei dünnen Beinen, ja, Streichholzbeinen in Ringelsöckchen – ein seltsam fremdartiges Wesen.

Da, ganz unvermutet, ließ Naomi die Zeitschrift sinken. Erst zitterten die kleinen, bunt flimmernden Perlen an den Zöpfen in ihrer Stirn, dann rollten ihre großen dunklen Augen über dem Rand der Zeitschrift nach links und nach rechts. Endlich tauchte ihre Nase auf, die ein bisschen bebte und zuckte. Naomi gickerte wie ein Hühnchen. Ein paar der wartenden Erwachsenen begannen zu lächeln. Sie gickerte stärker, gackerte eigentlich mehr wie eine Henne, die gerade ein Ei legt. Zuletzt entblößte Naomi ihre Zähne, und es hörte sich an, als ob ein Fohlen wieherte, das voller Lebensfreude über die Weide tobt und seine Hinterbeine in die Luft wirft, wobei es ein ums andere Mal einen knatternden Furz lässt.

Kannst du dir vorstellen, was passierte? Das ganze Wartezimmer begann, laut zu lachen, jeder in seiner eigenen Tonlage und auf die ihm eigene Art und Weise.

„Das ist das achte Weltwunder", sagte der Zahnarzt, der hinzukam. „Man könnte denken, die Leute warten auf eine Fahrt mit dem Vergnügungsdampfer. So was habe ich noch nie erlebt."

Tja – aber wer mit Naomi befreundet ist, der kann so was erleben!

Am nächsten Abend kam sie mich besuchen.

„Hast du gar keine Angst vor dem Zahnarzt?“, fragte ich.

„Mein Schutzengel ist doch bei mir“, entgegnete sie.

Wir saßen immer zusammen auf dem breiten Fensterbrett in meinem Arbeitszimmer, wenn Naomi zu Besuch kam. Wenn es warm genug war, bau-

melten unsere nackten Füße aus dem Fenster. Leute, die vorübergingen, hätten unsere Fußsohlen kitzeln können. Wenn es kalt war, ließen wir das Fenster zu und stellten unsere Füße auf meinem Schreibtisch ab, zwischen Stapeln loser Blätter und kleinen und größeren Büchertürmen. Das machst du aber besser erst nach, wenn du ein wenig älter bist und eine eigene Wohnung hast, so wie ich!

Naomi wollte immer nur auf dem Fensterbrett in meinem Arbeitszimmer sitzen. Wegen der Bücher und dem ganzen beschriebenen Papier. „Da passiert so viel“, sagte sie. „Wenn ich groß bin, werde ich Schriftstellerin, so wie du.“ Und plötzlich konnte sie ausrufen: „Da drüben! Siehst du den?“

Ein Geist aus der Familie der Büchergnome. Naomi beschrieb ihn mir ganz genau. Büchergnome haben drei Köpfe und sechs Hände, damit sie ein Buch gleichzeitig am Anfang, in der Mitte und am Schluss lesen können. Sie haben nämlich keine Geduld, einen ganzen Roman von vorn bis hinten zu lesen, weil sie viel zu neugierig sind. „Nicht bewegen“, sagte Naomi, „sonst verscheuchst du ihn.“

Ich musste ihr glauben, obwohl ich außer Regalen, in denen sich Buchrücken an Buchrücken reihte, nichts sah.

„Und da drüben in der Ecke“, flüsterte Naomi, „da hüpft ein Buchstabenwurz. Der holt sich nachts die ganzen As und Os und die Ds und Ps von den Seiten herunter und jongliert damit.“

„Kein Wunder“, sagte ich. „Da in der Ecke stehen die Bücher mit den Sprachspielen, in denen ganz genau erklärt wird, wie man aus einer Buchstabensuppe zum Beispiel eine Suchbabenstuppe macht.“

„Eine was?“

„Eine Stuchsabenbuppe!“

Naomi kicherte. Bald steckte sie mich damit an. Und dann lachten wir so laut, dass alle Büchergnome, Buchstabenwurze und Letternfexe auf und davon liefen. Jedenfalls behauptete Naomi das. Und etwas ist ganz eigenartig. Je mehr sie von den kleinen Geistern erzählte, die sie in jedem Winkel entdeckte, umso mehr schien es mir so, als könnte ich sie selber sehen.

Vielleicht hast du schon davon gehört. Oben im schwedischen Norden, in den fast unendlichen Wäldern mit den bemoosten Felsbrocken, den grünen und gelben Flechten an alten Bäumen, dort also, woher Naomis Mama stammt, da können die Menschen noch alle möglichen Arten von kleinen Gnomen, Wichten und Waldgeistern sehen. Das haben wir schon lange verlernt. Es gibt zu viele Straßen bei uns, zu viele große Städte, zu wenig stille Wälder. Die Menschen haben keine Zeit, darauf zu warten, dass ihnen ein Geist erscheint. Und in Afrika, woher Naomis Papa kommt, da leben einige Menschen noch in unmittelbarer Nähe von Erd- und Feuerdämonen, die sie mit uralten Tänzen heraufbeschwören, um von ihnen Schutz und Hilfe zu bekommen.

Da nun Naomi halb Schwedin und halb Afrikanerin ist, nehme ich einmal an, dass sie eine ganz besonders ausgeprägte Gabe besitzt, Wesen wahrzunehmen, die unseren Sinnen verborgen bleiben. Eines davon ist ihr Schutzengel.

Das erste Mal hörte ich an einem ungemütlichen Herbstabend von ihm. Ich hatte mir gerade ein Auto gekauft, mein allererstes, und war ungeheuer stolz auf seine glänzende dunkelrote Farbe und das nagelneue Radio. Da sah ich plötzlich Naomi auf dem Bürgersteig entlangschlendern. Draußen war es dunkel, kalt und feucht. Ich fuhr rechts an den Straßenrand, kurbelte meine Scheibe herunter und lud Naomi ein, mit mir mitzufahren, weil wir ja denselben Weg nach Hause hatten. Ich dachte, sie würde sich freuen. So ein tolles neues Auto! Aber sie war überhaupt nicht beeindruckt und schüttelte den Kopf.

„Warum denn nicht?“, fragte ich.

„Mein Schutzengel kann nicht so schnell fliegen, wie ein Auto fährt.“

Klar, Schutzengel, dachte ich. Du hast wohl zu viele Weihnachtsmärchen gelesen. „Ich fahre ganz langsam“, sagte ich laut.

Aber Naomi schüttelte den Kopf.

„Fürchtest du dich nicht allein da draußen im Dunkeln?“

Da wuchs auf Naomis Stirn eine kleine wütende Falte. „Ich bin ja nicht allein.“

„Ach so, dein Schutzengel“, erwiderte ich. Aber ich glaubte nicht an ihren Schutzengel. „Ich begleite dich besser nach Hause“, sagte ich, parkte mein Auto und stieg aus.

Als wir um die nächste Ecke bogen, hörte ich Schritte hinter uns. Ich drehte mich um und erkannte einen großen dunklen Mann. Er bog in jede Straße, in die wir einbogen, nahm jede Kurve, die wir nahmen. Ein Verfolger! Wie gut, dachte ich, dass ich bei Naomi bin. Vielleicht hätte er sie schon längst überfallen. Seine Schritte wurden schneller. Ich hörte schon seinen Atem! Gleich ist er da, dachte ich. Ich machte mich auf alles gefasst. Mein Herz schlug Purzelbäume. Da sagte Naomi: „Guten Abend, Onkel Jochen.“

Und er erwiderte: „Guten Abend, Naomi.“

„Kanntest du den etwa?“, fragte ich, und meine Beine zitterten.

„Der Papa von meiner besten Freundin", sagte Naomi.

Meine Knie waren noch ganz weich, da erhob sich aus dem Nichts ein so ohrenbetäubender Lärm, dass ich vor Schreck fast von der Bordsteinkante fiel.

„Das ist doch nur der Hund von Schwarzenbergs", sagte Naomi. „Du brauchst keine Angst im Dunkeln zu haben. Das Dunkle ist genau wie das Helle. Nur ohne Licht." Sie nahm meine Hand und erzählte von ihrem Schutzengel. Davon, dass er ihre Angst aufisst. Und davon, dass er sie nie allein lässt. „Er ist manchmal so groß wie ein Haus und manchmal so klein wie ein Kuchenkrümel. Ich weiß gar nicht", sagte sie, „ob er Flügel hat. Jedenfalls

keine Vogelflügel. Eher so durchsichtige, schillernde, wie Libellen sie haben. Und wenn er besonders lustig sein will, lässt er sich Marienkäferflügel wachsen."

„Habe ich auch einen Schutzengel?", fragte ich.

Da lachte Naomi. Ich spürte ihre kleine warme Hand in meiner großen kalten und sah ein, dass das eine ziemlich dumme Frage war.

Das ist nun schon eine ganze Weile her. Mittlerweile ist Naomi mit ihren Eltern aus dem Haus ausgezogen, in dem ich noch immer wohne (und in dem du mich besuchen kannst, wenn du Lust hast). Ich sehe sie nur noch selten. Umso größer ist die Freude, wenn wir uns einmal ganz zufällig treffen. Wie vor ein paar Tagen an der Ampel. Davon habe ich ja schon erzählt.

„Wie geht's dir?", rief ich Naomi zu.

„Ich gehe jetzt schon zur Schule!", rief sie zurück.

Als wir uns dann auf der Straße trafen, sprang sie kurz in meine Arme, und ich wirbelte sie herum. In meinen Ohren klang das Sirren der Libellenflügel ihres Schutzengels. Oder waren es die meines eigenen?

Jedenfalls musste ich plötzlich an dich denken, denn es könnte ja sein, dass Naomi genau neben dir wohnt. Und deshalb wollte ich dir unbedingt sagen, dass du nach ihr Ausschau halten solltest. Sie dürfte nicht viel älter oder jünger sein als du, hat vollmilchschokoladenbraune Haut und ein paar Zöpfe mit bunten Perlen in der Stirn. Wenn sie deine Freundin wird, kann es sein, dass du manchmal, statt den Bus zu nehmen, mit ihr durch den Regen nach Hause laufen musst, weil ihr Schutzengel nicht so schnell fliegen kann. Dafür aber wirst du sehr viel lachen. Denn wer mit Naomi befreundet ist, der kann was erleben!

Viviane Eisold

In der Engelschule

Siberius Knittelmann schüttelte enttäuscht den Kopf, dass seine langen schlohweißen Haare nur so wehten. Wie sollte er aus dieser wilden Engelbande nur zuverlässige Schutzengel machen? Seine Nase fing an zu jucken, und er schnäuzte sich kräftig in sein kariertes Taschentuch.

Jetzt hatte er zu allem Unglück auch noch einen Schnupfen! Siberius hatte schon Generationen von Schutzengeln ausgebildet, alle mit Erfolg. Aber dieses Mal war er nicht sicher, ob er die Aufgabe zur Zufriedenheit lösen konnte. Die kleinen Engel waren jetzt sechs Jahre alt und eigentlich bereit für die erste Klasse der Engelschule. Jeder Engel muss in diesem ersten Jahr ein Menschen- oder Tierkind auf der Erde unsichtbar beschützen. Obwohl die Erstklässler nur die Nachtschicht von siebzehn Uhr abends bis acht Uhr morgens hatten, und zu diesen Zeiten am wenigsten passierte, gab es immer wieder Probleme. Besondere Aufmerksamkeit sollten sie darauf richten, dass sie nicht bemerkt wurden und dass bei möglichen Rettungsaktionen keine verbotenen Mittel angewandt wurden. Mit Grausen dachte Siberius an die Prüflinge vom letzten Jahr. Mitten im Sommer hatten sie einen See zufrieren lassen, nur um eine kleine Maus vor dem Ertrinken zu retten. Oder im Herbst, als es Tomaten regnete ...

Siberius konnte sich nicht mehr genau erinnern, für was das gut gewesen war, er dachte aber immer noch mit Schrecken daran zurück, dass er bei Oberengel Ambros damals Rechenschaft ablegen musste. Oje, hatte der ihn zusammengestaucht.

Aber das war alles nichts gegen das, was die neuen Engel auf Lager hatten. Schon in der Vorschule hatten sie nichts als Unsinn gemacht.

Besonders ein Trio lag ihm schwer im Magen: Maximilian, Cornelius und die pummelige Kandelabra. Die beiden Jungs hatten nur Blödsinn im Kopf, und Kandelabra war die schusseligste Schutzengelanwärterin seit mehr als 600 Jahren. Wo Kandelabra war, blieb kein Glas lange heil, alle Harfen waren blitzschnell verstimmt, und man konnte damit rechnen, dass sie über kurz oder lang über irgendeinen Mitschüler stolperte und dabei die halbe Einrichtung zerdepperte.

Die drei steckten immer zusammen, und Knittelmann grauste schon vor der nächsten Missetat. Beim Üben in der Vorschule hatten sie es einmal grün hageln lassen. Nur so zum Spaß! Oberengel Ambros war auch ziemlich grün im Gesicht gewesen, als er davon gehört hatte. Ja, es war einfach schrecklich mit den Neuen.

Siberius klatschte in die Hände, und langsam stellte sich Ruhe unter den tobenden Engelchen ein. Artig traten sie in zwei Reihen an, und Siberius verteilte die goldenen Kärtchen, auf denen die zu beschützenden Menschen und Tiere aufgedruckt waren. Ja, auch Tiere haben Schutzengel. Wobei es viel einfacher ist, eine Ameise zu beschützen als ein kleines Menschenkind.

Als Cornelius seine Karte las, machte er ein langes Gesicht. Ein kleiner Elefant im Zoo. Wie langweilig. Maximilian machte ebenfalls keinen glücklichen Eindruck, auch wenn er immerhin einen ausgewachsenen Löwen im gleichen Zoo bekommen hatte.

Es war zwar eigentlich nicht erlaubt, bei der Auswahl nachzuhelfen, aber Siberius Knittelmann wollte kein Risiko eingehen und hatte dafür gesorgt, dass dieses Jahr keine Probleme auftreten würden. Der schusseligen Kandelabra hatte er extra den kleinen Streberjungen Tilmann zugeteilt. Der Junge war so brav und langweilig, dass sich Siberius nicht die geringsten Sorgen machen musste. Es konnte einfach nichts passieren.

Zufrieden lehnte er sich in seinem Sessel zurück und faltete die Hände über seinem mächtigen Bauch. Mit einem zufriedenen Lächeln beobachtete er, wie die Schrecklichen Drei, so nannte er Maximilian, Cornelius und Kandelabra heimlich, neidisch eine Schar von Engeln beäugte, die sich vor Freude gar nicht mehr einkriegten. Ihnen hatte Siberius ein Wolfsrudel im Kaukasus zugespielt. Da waren Abenteuer natürlich quasi garantiert.

„So, Kinder. Genug gefaulenzt", rief er die Kleinen zur Ordnung. „Benutzt schnell den Unsichtbarkeitszauber, und geht auf eure Posten. Wir sehen uns morgen Früh. Um acht Uhr werdet ihr von den älteren Jahrgängen abgelöst."

Enttäuschte Stimmen meldeten sich leise zu Wort. Schon um acht Uhr! Was sollte in dieser Zeit schon passieren? Die Menschenkinder und die meisten Tiere schliefen dann, höchstens Wölfe oder Eulen waren in der Nacht unterwegs.

Siberius Knittelmann kramte in der Tasche seines langen Umhangs und zog einen Beutel hervor. Er nahm eine Prise des Unsichtbarkeitspulvers und streute es über den Kindern aus. Vor seinen Augen wurden sie immer durchsichtiger, und als er sie kaum noch erkennen konnte, hob er seinen ehrwürdigen Zauberstab und entsandte die Engelchen auf ihre Plätze.

Als wieder Ruhe eingekehrt war, lehnte sich Knittelmann in seinem bequemen Sessel zurück und gab sich seinem schrecklichen Schnupfen hin.

Tilmann war sauer. Sauer auf seine Klassenkameraden, die ihn immer hänselten und sauer auf sich selbst, weil er so feige war. Heute war der Klassenausflug in den Zoo, auf den er sich riesig gefreut hatte. Aber dann war er am Morgen so von dem Jaguar angefaucht worden, dass er vor Schreck angefangen hatte zu weinen. Die anderen hatten ihn alle ausgelacht. Er war doch schon acht Jahre alt und kein kleines Baby mehr!

Deshalb wollte er es den anderen unbedingt beweisen, musste die Scharte auswetzen, sonst würden sie ihn immer als Feigling und Angsthasen betrachten. Tilmann überlegte fieberhaft, wie er den anderen seinen Mut beweisen konnte. Viel Zeit hatte er nicht mehr, es war schon siebzehn Uhr, und in spätestens einer halben Stunde würden sie wieder zurückfahren. Da fiel sein Blick auf das Löwengehege. Es war an drei Seiten mit Gittern versehen. An der vierten Seite trennte das Gehege und den Elefantenhügel nur eine Mauer mit einem tiefen Wassergraben rechts und links, sodass die Löwen nicht darüber springen konnten. Tilmann dachte nach: An einer günstigen Stelle stand ein alter Kastanienbaum, über den man ohne große Probleme auf die Mauer gelangen konnte. Die Lehrerin war gerade in ein Gespräch mit zwei Schülerinnen vertieft, als Tilmann sich heimlich auf den Baum schwang und die Mauer erkletterte.

Kandelabras Dienst hatte erst vor einer halben Stunde begonnen, und schon war ihr furchtbar langweilig. Dieser Tilmann machte aber auch wirklich nichts. Unsichtbar war sie eine Weile neben ihm hergelaufen, aber dann hatte sie sich etwas in

den Schatten gelegt und beobachtete ihren Schützling nur mit einem Auge. Sie war sofort hellwach, als sie sah, wie der Junge auf die Mauer stieg. Mit einer Geschwindigkeit, die man dem pummeligen Engelchen gar nicht zugetraut hätte, sprang sie auf und rannte zum Gehege. Aber der Baum war gar nicht so leicht zu erklimmen, und Tilmann vollführte bereits gefährliche Kletterkunststücke zwischen

Elefanten- und Löwengehege, während sich Kandelabra umständlich nach oben hangelte. Sie verlor das Gleichgewicht und plumpste kopfüber in den Wassergraben der Elefanten. Glücklicherweise hatte ihr Engelkollege Cornelius alles beobachtet und trieb jetzt den kleinen Elefanten zum Wasser. Gehorsam senkte das Elefantenbaby seinen Rüssel, und Kandelabra konnte sich ans trockene Ufer ziehen.

Mittlerweile hatte sich eine Menschenmenge gebildet, die mit offenen Mündern beobachtete, wie Tilmann zwischen den beiden Gehegen herumturnte. Am Ende der Mauer angekommen, versuchte er umzudrehen, einen Moment lang schien alles gut zu gehen, doch dann geriet er ins Wanken und fiel in den Wassergraben des Löwengeheges!

Kandelabra und Cornelius waren starr vor Schreck. Ihre entsetzten Blicke rasten zu dem Löwen und den drei Löwinnen, die mit blitzenden Reißzähnen auf Tilmann zuliefen, der hilflos im Wassergraben lag. Kandelabra und Cornelius waren auf der falschen Seite der Mauer und konnten nicht eingreifen. Der Engel Maximilian, dessen Schützling der Löwe war, jagte sofort hinter den vier Raubtieren her. Aber was sollte er nur tun? Wie konnte er die Löwen davon abhalten, sich auf den Jungen zu stürzen und ihn zu zerfleischen? Siberius Knittelmann würde ihnen allen die Flügel stutzen, wenn sie schon am ersten Tag versagten. Jetzt lag es an Maximilian, und er hatte nur noch ein paar Sekunden Zeit.

Der Löwe setzte zum Sprung an. Die Muskeln seiner Hinterbeine spannten sich, sein Maul war geöffnet, die Reißzähne blitzten lang und messerscharf. Doch plötzlich überkam ihn ein Niesanfall, der den Löwen nur so durchschüttelte. Verdutzt hielt er inne, aber das Jucken in der Nase wurde nur noch schlimmer. Seine drei

Löwinnen fingen jetzt auch noch damit an. Die Raubtiere waren für einen Moment so abgelenkt, dass die leichte Beute im Wassergraben vollkommen vergessen war. Sie waren nur noch mit sich und ihren juckenden Nasen beschäftigt.

Ein Wärter öffnete leise eine der Seitentüren und schritt vorsichtig an den prustenden Löwen vorbei. Mit einem Griff zog er Tilmann aus dem Wasser, und eine Minute später konnte er den klatschnassen Jungen bei der Lehrerin abliefern. Die Löwen hatten von dem Vorfall gar nichts bemerkt. Sie hatten die erste Sommergrippe, die je ein Löwe bekommen hatte, und selbst Jahre später unterhielten sich die Pfleger noch über dieses Wunder.

Kandelabra atmete tief durch. „Wie bist du nur auf den Niesanfall gekommen, Max?"

Ihr Freund zuckte mit den Schultern. „Ich musste an den alten Knittelmann denken und was er mit uns anstellen würde, wenn wir versagen würden. Da ist mir sein schrecklicher Schnupfen eingefallen."

Cornelius war noch ganz verdattert von dem Vorfall: „Ich hoffe nur, dass den Rest der Nacht Ruhe ist.“

Diesen Wunsch konnten seine Freunde nur zu gut nachempfinden. Schutzengel zu sein, kann manchmal ganz schön anstrengend sein.

Wie ein begossener Pudel stand Tilmann vor seiner Lehrerin. Frau Böck war sichtlich bestürzt über das, was geschehen war. Und ausgerechnet Tilmann! Sie hätte alles darauf verwettet, dass der Junge niemals solchen Blödsinn machen würde.

„Wie bist du nur auf diese Schnapsidee gekommen?“, fuhr sie den Jungen an. „Du weißt doch, wie gefährlich Raubtiere sind. Wenn nicht ein Wunder geschehen wäre, dann hätten dich die Löwen gefressen. Du hast wirklich einen aufmerksamen Schutzengel gehabt!“

Oder vielleicht auch zwei oder drei ...

Oliver Höger

Ausgetrickst

Erst nach links schauen, dann nach rechts, dann noch einmal nach links.”

„Du nervst. Glaubst du etwa, ich weiß das nicht?“ Frederick stand an der Straße, und jeder, der ihn sah, musste denken, dass er mit sich selber sprach.

„Es ist nun einmal meine Aufgabe, dich vor Gefahren zu warnen“, sagte Natiel. Er war Fredericks Schutzengel, und deshalb konnte ihn auch kein anderer sehen.

„Kannst du nicht mal einen Nachmittag lang auf jemand anderen aufpassen?“, stöhnte Frederick.

„Nein.“

„Mann, ich will mich mit Stefan treffen. Und es ist total peinlich, wenn du mir ständig Dinge ins Ohr flüsterst.“

„Also schön. Wenn du mir versprichst, besonders vorsichtig zu sein, verspreche ich, nicht ständig Ratschläge zu geben.“

„Abgemacht“, sagte Frederick und ging los.

„Erst nach links, dann nach …“, sagte Natiel.

„Da sind keine Autos“, grummelte Frederick.

Manchmal fragte Frederick sich, ob die Schutzengel anderer Menschen auch so nervten. Natürlich traute er sich nie, das zu fragen. Wer fragt schon nach Engeln? Die meisten Menschen glauben ja nicht einmal an Engel.

Aber Frederick hatte Natiel. Und er war keiner dieser Schutzengel, die heimlich und leise aufpassen. Nein, Natiel mischte sich ständig ein, gab Ratschläge, warnte und wusste immer alles besser.

Frederick hatte sich um drei mit Stefan an der alten Eisenbahnbrücke im Wald verabredet. Die Zeiger seiner Uhr zeigten zehn vor drei, als er an einen kleinen Bach kam. Frederick hatte vor, einfach darüberzuspringen, denn die nächste Brücke war weit entfernt.

„He, du willst doch nicht etwa über den Bach springen? Hier gibt es bestimmt irgendwo eine Brücke. Lass uns nach der Brücke …“

„Du hattest versprochen, still zu sein!“, ranzte Frederick.

„Erst, wenn wir bei deinem Freund sind“, sagte Natiel.

Frederick war genervt. So machte das alles keinen Spaß. Man konnte keine wilden Sachen machen, wenn einem ständig ein Engel dazwischenredete. Und vor allen Dingen glaubte er Natiel auch nicht, dass er still sein würde, wenn sie endlich bei Stefan angekommen wären.

„Ich glaube dir nicht.“

„Was? Du glaubst deinem Engel nicht?“

In diesem Moment hatte Frederick eine fabelhafte Idee. Er nahm eine Wasserflasche aus seinem Rucksack und trank sie aus. Dann setzte er sich auf den feuchten Waldboden und tat so, als würde er überlegen.

„Worüber denkst du nach?“, fragte Natiel.

Genau das hatte Frederick erwartet. „Darüber, ob du überhaupt ein Engel bist.“

Natiel lief puterrot an. „Du glaubst nicht, dass ich ein Engel bin? Ich beschütze dich doch ständig und mache mir Tag und Nacht Sorgen um dich. Unverschämt!"

„Beweise es!"

„Wie soll ich beweisen, dass ich ein Engel bin? Etwa herumfliegen?"

„Nein. Das reicht nicht. Fliegen können sogar Vögel und Schmetterlinge." Frederick wurde ernst. „Engel können alles, richtig?" Natiel nickte vorsichtig. „Dann flieg in diese Flasche." Frederick hielt die Flasche hoch.

Nichts leichter als das, dachte Natiel, machte sich ganz klein und war einen Augenblick später in der Flasche verschwunden. „Glaubst du mir jetzt?", fragte er stolz.

Doch statt zu antworten, drehte Frederick schnell den Verschluss zu und Natiel war in der Flasche gefangen.

„Es tut mir Leid für dich. Aber du würdest mir nur den Nachmittag mit Stefan verderben", sagte Frederick, als er die Flasche in seinen Rucksack zurücklegte. Natiel schlug verzweifelt gegen die harte Glaswand.

Frederick schnallte den Rucksack auf seinen Rücken und sprang über den Bach.

„Weißt du", sagte er, während er hastig weiterging, „Stefan ist mein neuer Freund. Und er ist mutig. Sehr mutig sogar. Er klettert auf die höchsten Bäume, springt von gefährlichen Mauern. Und mit dem Fahrrad saust er so schnell den Berg herunter, dass er sogar Autos überholt."

Frederick war sich nicht sicher, ob Natiel ihn überhaupt hörte, trotzdem sprach er weiter: „Wenn du den ganzen Nachmittag reden würdest, dann würde ich vielleicht auf dich hören, aber dann würde Stefan bestimmt denken, dass ich eine Memme bin. Doch das bin ich nicht."

Frederick hatte die rostigen Schienen erreicht. Zwischen den Bäumen konnte er schon die Brücke sehen.

„Endlich kommst du!", rief Stefan. „Ich dachte schon, du traust dich nicht."

Frederick grinste nur und war froh, dass Natiel sicher verpackt war. Er fragte: „Was wollen wir hier eigentlich?“

„Auf den Brückenbogen klettern“, sagte Stefan, als sei es das Selbstverständlichste der Welt, dass man auf Eisenbahnbrücken klettert.

Frederick sah an dem hohen Brückenbogen hinauf. Er wusste, dass Natiel sicherlich etwas dagegen gehabt hätte. Aber Natiel konnte nichts sagen. Obwohl er in der Flasche tobte. Er war nicht sauer, nein, er war fuchsteufelswild. Er hatte sehr wohl gehört, was Frederick zu ihm sagte, und er hatte ebenso gehört, was die Jungen planten.

Er kannte die Brücke. Er wusste, dass sie viel zu hoch war. Dass sie alt und rostig war. Sie war mit einem Wort: gefährlich! Natiel trat gegen die Flasche. Doch Frederick hörte ihn nicht.

Und dann spürte Natiel, wie der Rucksack umfiel. Er wurde in der Flasche hin und her geschleudert, stieß mit seinem Kopf gegen die Glaswand. Die Flasche fiel aus dem Rucksack und kullerte gemächlich gegen einen Stein. Dort blieb sie liegen.

Frederick hatte seinen Rucksack achtlos zu Boden geworfen. Mittlerweile hatte er Natiel und seine nervenden Kommentare vollkommen vergessen. Er dachte nur noch daran, schnell auf den Brückenbogen zu klettern und von dort oben die schöne Aussicht zu genießen.

„Es ist echt super, da oben“, sagte Stefan und kletterte wie eine Katze auf allen vieren auf den Bogen.

Frederick folgte ihm. Das Metall war rostig und kratzte an seiner Haut. Er umklammerte den Stahl mit seinen Fingern und zog sich Stück für Stück nach oben. Manchmal spritzten kleine Rostteile, die Stefans Schuh gelöst hatte, in sein Gesicht. Aber das machte ihm nichts. „Hauptsache, ich komme oben an“, murmelte er leise vor sich hin.

„Na, was habe ich gesagt?“, fragte Stefan, als sie oben angelangt waren.

„Wow!“, sagte Frederick.

Tief unter ihnen rauschte der kleine Fluss, an seinen Ufern von dichtem Wald eingefasst. Riesige Wolken spiegelten sich auf seiner Oberfläche. Hinter ihnen sahen sie die alten Schienen auf der Brücke, vollkommen zugewachsen von kleinen Birken und vielen Sträuchern. Seit Jahren war hier kein Zug mehr vorbeigefahren. Und es würde auch nie wieder einer kommen. Denn es gab inzwischen eine neue Hochgeschwindigkeitszugstrecke. Hierhin kam kein Mensch mehr.

Sie setzten sich auf den Bogen und ließen die Beine in der Lauft schaukeln. „Ich habe echt gedacht, dass du dich nicht traust“, sagte Stefan.

„Aber klar traue ich mich“, antwortete Frederick.

„Na komm, manchmal stellst du dich ganz schön an.“

„Ja, aber das liegt doch nur an meinem …“, beinahe hätte Frederick Engel gesagt, aber dann dachte er, dass Stefan darüber lachen würde. „… an meiner Mutter. Die verbietet immer so viel“, sagte er stattdessen.

„Verstehe”, sagte Stefan, „du bist okay.“

Frederick grinste übers ganze Gesicht. Dass Stefan ihn okay fand, war wirklich das Allergrößte.

„Wie hoch sind wir?“, fragte Frederick nach einer Weile. Er hoffte, eine möglichst hohe Zahl zu hören, um damit später angeben zu können.

„Zur Brücke vielleicht sieben Meter oder so und zum Wasser zehn Meter. Bestimmt. Mindestens.“

Zehn Meter! Frederick fand das sehr beeindruckend. Er nahm sich aber dennoch vor, beim Angeben noch ein paar Meter dazu zu schummeln. Doch jetzt wollte er den Ausblick genießen und sich darüber freuen, dass Stefan ihn auch für mutig hielt.

„Dumm. Dumm! Dumm!“, rief Natiel in seiner Flasche. „Du bist ein kleiner dummer Junge. Ihr beide seid klein und dumm!“ Aufgeregt schaute er zu den Jungen hoch. Das war viel zu hoch. Aber viel schlimmer waren die Wolken, die sich über ihnen auftürmten. „Dreht euch um! Seht nach oben!“, schrie er. Doch die Jungen hörten ihn nicht.

Dann kamen die ersten Regentropfen. Platsch! Platsch! Tack!, machte es auf der Flasche. Denn die

Tropfen waren dick und schwer. Erst waren es nur wenige. So wenige, dass es zwischen den einzelnen Tropfen kurze Pausen gab. Dann wurden die Pausen kürzer. Und schließlich prasselten die Tropfen so laut und schnell, als würden tausende Engel ihre Trommeln schlagen. Die Flasche wurde schmierig, und Natiel konnte die Jungen kaum noch sehen. Wolken jagten durch den schwarzen Himmel über der Brücke. Und dann zuckte der erste Blitz durch die Wolkenberge. Ein gewaltiger Donnerschlag rollte durch den Wald.

„Mist! Wir müssen schnell runter“, brüllte Stefan gegen den prasselnden Regen an. Die Jungen waren völlig durchnässt, ihre Haare hingen in Strähnen in ihre Gesichter, und die Brücke war durch den Regen rutschig geworden. „Los! Du zuerst!“, schrie Stefan.

Frederick drehte sich zur Seite, eine Hand rutschte ab. Beinahe hätte er den Halt verloren und wäre in die Tiefe gestürzt. Er sah hinunter. Ihm wurde schwindelig. Der Gedanke, in den reißenden

Fluss zu stürzen, machte ihm Angst. Und lähmte seine Beine.

„Ich kann nicht!“, schrie er. „Du musst mir helfen!“

„Doch nicht bei dem Regen. Sieh zu, dass du runter kommst. Mach schon!“, schrie Stefan zurück.

„Ich kann nicht!“

„Angsthase!“, sagte Stefan verächtlich. Schnell stieg er auf der anderen Seite hinab.

„Du kannst mich hier nicht allein lassen! Bitte!“, brüllte Frederick.

„Du siehst doch, dass ich das kann“, sagte Stefan, und sein Kopf verschwand hinter dem Bogen .

Dann kam der Sturm. So plötzlich und mit einer solchen Wucht, dass er Frederick beinahe wie ein Stück Papier vom Bogen gefegt hätte. Frederick presste sich flach auf den Bogen und klammerte seine Arme fest um den nassen Stahl. Er hoffte, dass das Unwetter bald aufhören würde und Stefan zurückkäme.

Stefan stand unten auf der Brücke und rief etwas. Frederick konnte ihn nicht verstehen, denn

Wind sauste in seinen Ohren. Dann winkte Stefan. Und ging.

Frederick war allein. Tränen schossen in seine Augen. Sein Bauch krampfte sich zusammen. „Ich will nicht sterben!“, brüllte er gegen den Wind. Denn er wusste, dass er sich nicht lange halten konnte. Würde der Wind nicht bald schwächer, dann würde er früher oder später stürzen. Oder ein Blitz würde in die Brücke einschlagen.

Doch der Wind wurde heftiger. Er peitschte kleine Zweige vor sich her, riss Sträucher aus der Erde und kegelte die Flasche am Boden der Brücke hin und her. Ein fürchterlicher Windstoß ließ die Flasche über die Holzbohlen tanzen. Sie bekam Schwung, kippte und zerplatzte schließlich an einem rostigen Gleis.

Sofort flog Natiel zu Frederick auf den Bogen.

„Du musst hier runter! Und zwar schnell!“, schrie er.

„Ich kann nicht.“

„Natürlich kannst du. Der Sturm hört nicht auf. Er wird immer schlimmer!“

Frederick hob seinen Kopf und sah Natiel an. „Es ist so tief. Ich habe solche Angst", sagte er leise.

Natiel dachte nach. Dann befahl er: „Sieh nur auf den Bogen! Nicht auf den Boden. Präge dir den Weg gut ein! Dann dreh dich! Ich werde deine Augen zuhalten. Und du kletterst vorsichtig hinab. Denke nie an die ganze Strecke! Wir werden Meter für Meter hinabsteigen!"

Frederick sah hoch, er kroch ein Stück nach vorn, bis er den ganzen Bogen entlangschauen konnte. Er sah nicht auf den Boden und nicht ins Wasser. Dann nickte er und drehte sich vorsichtig um. Natiel hielt ihm die Augen zu. Stück für Stück kletterten sie rückwärts den Bogen herunter.

„Denk einfach daran, dass es nur ein paar Zentimeter bis zum Boden sind", sagte Natiel. „Wir haben es gleich geschafft. Du machst das sehr gut."

Sie erreichten den Boden. „Mach die Augen auf!“, sagte Natiel.

Frederick öffnete seine Augen. Und wurde im selben Moment von einer Windbö umgeworfen. Er landete im Schlamm. Seine Kleidung war von Erde und Rost vollkommen verschmiert.

„Macht nichts“, sagte Natiel, „die Hauptsache ist, dass du lebst. Dieser Windstoß hätte dich weggefegt wie ein Stück Papier.“

Frederick grinste verlegen. „Lass uns nach Hause gehen.“

„Muss ich wieder in die Flasche?“

„Nein“, meinte Frederick, „ganz bestimmt nicht. Nie wieder.” Und dann sagte er leise: „Tut mir Leid.“

Michael Engler

Ein winzig kleiner Helfer

Oh nein, dachte Linda und starrte auf das Bonbonglas, das zerbrochen auf dem Boden lag. Ihre Mutter hatte sie noch gewarnt. „Du bist zu klein, Linda“, hatte sie gesagt. „Warte, bis ich aus dem Keller zurück bin, dann hole ich es dir aus dem Regal.“ Aber Linda wollte nicht warten. Und jetzt war das Glas zerbrochen.

Als ihre Mutter wenig später aus dem Keller zurückkehrte und die Glasscherben sah, schimpfte sie. „Warum hast du nicht auf mich gehört, Linda? Früher hast du nie so dumme Sachen angestellt.“

Ja, warum hatte sie nicht gehört?, fragte sich nun auch Linda. Im Grunde wusste sie es selbst nicht genau.

Ihre Mutter schickte sie zur Strafe auf ihr Zimmer. Für den Rest des Tages würde es keine Süßigkeiten mehr geben.

Linda warf sich auf ihr Bett und starrte zur Decke. Was ist nur los mit mir?, fragte sie sich. Seit einer ganzen Weile hatte sie nur noch Pech. Vorgestern hatte sie eines der teuren Kristallgläser ihrer Mutter umgeworfen. Natürlich aus Versehen. Aber sie hatte es unbedingt in die Hand nehmen wollen, obwohl sie die Gläser nicht anfassen sollte. Außerdem war ihr gestern der Orangensaft über dem teuren Wohnzimmerteppich ausgelaufen. Warum war sie nicht in die Küche gegangen und hatte ihr Glas dort nachgefüllt, wie sie es sonst immer machte?

Linda versuchte, sich zu erinnern, wann ihre Pechsträhne angefangen hatte. Vor zwei Wochen war sie die Leiter zum Dachboden hochgeklettert, obwohl sie es nicht durfte. Aber sie war nun einmal so schrecklich neugierig gewesen. Sie hatte unbedingt in den alten Sachen stöbern wollen, die ihre Eltern dort oben aufbewahrten. Dabei hatte ihre innere Stimme sie noch gewarnt. „Tu's nicht", hatte sie ihr zugeraunt. Aber Linda hatte nicht auf ihr Gewissen hören wollen. Da war es auch schon passiert. Beim Versuch, die Leiter emporzuklettern, war sie von der Sprosse abgerutscht und hatte sich heftig den Kopf gestoßen.

„Seitdem geht alles schief", murmelte Linda vor sich hin.

Warum war das nur so?

Vielleicht muss ich die Leiter noch einmal hochklettern, überlegte Linda. Und wenn ich es diesmal schaffe, ist auch meine Pechsträhne endlich wieder vorbei!

Einen Versuch war es wert. Also schlich Linda heimlich in die zweite Etage des Hauses, in der sich die Leiter zum Dachboden befand. Vorsichtig lugte sie um die Ecke. Da stand die Leiter, und ihre Eltern waren nicht in der Nähe. Gerade wollte sie den Fuß auf die unterste Sprosse setzen, als ein leises Stimmchen an ihr Ohr drang.

„Vorsicht, du zerquetschst mich ja!"

Linda blickte sich erstaunt um, konnte aber niemanden sehen.

„Hier unten", rief das Stimmchen.

Linda ging in die Hocke. Was war das? Auf der untersten Sprosse der Leiter saß ein winziger Engel, klein wie ein Marienkäfer, und winkte ihr zu.

„Wer bist denn du?", fragte Linda erstaunt.

„Weiß nicht“, sagte der Engel. „Ich habe alles vergessen. Ich erinnere mich nur noch daran, dass ich ein Schutzengel bin.“

Linda kratzte sich am Kopf. „Und was machst du dann hier? Ich meine, wenn du ein Schutzengel bist, müsstest du dann nicht jemanden beschützen?“

Der winzig kleine Schutzengel zog ein nachdenkliches Gesicht. „Wahrscheinlich hast du Recht. Aber ich sagte ja bereits: Ich habe alles vergessen.“

„Du Ärmster“, meinte Linda. „Weißt du wenigstens, wie es passiert ist?“

Der winzig kleine Schutzengel zuckte die Achseln. „Ich war ohnmächtig und als ich wieder aufwachte, befand ich mich auf dieser Leiter und hatte eine dicke Beule am Kopf.“

„Hm“, machte Linda. „Das ist merkwürdig.“ Nachdenklich blickte sie den winzig kleinen Schutzengel an. „Vielleicht bist du in einen Sturm geraten“, sagte sie nach einer Weile, „und der Wind hat dich in unser Haus geweht. Gestern Abend gab es nämlich ein Gewitter.“

Der Schutzengel stieß einen langen Seufzer aus. „Was soll ich jetzt nur machen? Sicher wird mich der Mensch, zu dem ich gehöre, schon vermissen.“

„Weißt du was“, platzte Linda heraus. „Warum bleibst du nicht bei mir, bis du dich wieder erinnern kannst?“

„Ja“, sagte der winzig kleine Schutzengel. „Warum nicht.“

Linda hielt ihm vorsichtig den Finger hin, damit er daraufklettern konnte. Dann kehrte sie mit ihm in ihr Zimmer zurück.

Als es Abend wurde, suchte sich Linda eine leere Streichholzschachtel und legte ein weiches Stück Stoff hinein. „Schau mal“, sagte sie, „ich habe hier etwas für dich, worin du heute Nacht schlafen kannst.“

Neugierig begutachtete der winzige Engel sein neues Bettchen, dann machte er es sich darin bequem. Er gähnte herzhaft. „Puh, bin ich müde!", murmelte er. Und schon war er eingeschlafen.

Als es auch für Linda Zeit wurde, ins Bett zu gehen, ging plötzlich die Tür auf. Es war ihre Mutter. Prüfend sah sie sich in dem Zimmer um. „Ach, Linda, hatte ich dich heute Morgen nicht gebeten, dein Zimmer aufzuräumen?"

Linda seufzte. „Ich werde es gleich morgen machen. Okay, Mama?"

„Also gut, aber vergiss es nicht", ermahnte ihre Mutter sie. „Und nun schlaf gut, mein Schatz." Mit einem Lächeln zog sie die Tür hinter sich zu.

Am nächsten Morgen musste Linda früh aufstehen, um zur Schule zu gehen. Die Streichholzschachtel mit dem winzig kleinen Schutzengel nahm sie mit. Als es zur Pause klingelte, stürmte Linda aus der Klasse. Erst vor der Treppe ins Erdgeschoss kam sie zum Stehen. Sie hatte große Lust, mit einem Satz hinunterzuspringen.

„Mach das lieber nicht", sagte der Schutzengel, „sonst stolperst du und verletzt dich. Du weißt doch, was du für ein Tollpatsch bist!"

Linda zog eine Schnute. Aber der winzig kleine Schutzengel hatte Recht.

Als die Schule endlich zu Ende war, machte sich Linda gleich auf den Weg nach Hause. Heute Mittag kochte ihre Mutter Nudeln mit Thunfischsoße. Lindas absolutes Lieblingsessen. Weil sie es kaum erwarten konnte, nach Hause zu kommen, wäre sie beinahe über eine rote Ampel gelaufen. Sofort machte sich der Schutzengel bemerkbar. „Das ist viel zu gefährlich", sagte er mit strenger Stimme.

„Aber ich freue mich so sehr auf die Nudeln", quengelte Linda. „Kannst du nicht eine Ausnahme machen?"

„Und wenn ausgerechnet in diesem Moment ein Auto kommt?", sagte der winzig kleine Schutzengel. „Wir müssen unbedingt warten, bis die Ampel auf Grün schaltet. Dann erst überqueren wir die Straße."

Am Abend stellte Linda überrascht fest, dass ihr an diesem Tag kein einziges Missgeschick passiert war. Es war genauso gewesen, wie vor ihrem Sturz von der Leiter. Das hatte sie allein dem winzig klei-

nen Schutzengel zu verdanken. Also beschloss sie, ihn jetzt immer und überallhin mitzunehmen.

„Vergiss nicht, dein Zimmer aufzuräumen“, sagte der winzige Schutzengel, kurz bevor er zum Schlafen in seine Streichholzschachtel kletterte. Aber Linda hatte keine Lust, ihr Zimmer aufzuräumen, also verschob sie es auf den nächsten Tag.

Als sie sich am folgenden Morgen auf den Weg zur Schule machen wollte, fiel ihr ein, dass sie in den ersten beiden Stunden Schwimmen hatte.

Oh, wie blöd, dachte Linda.

Ins Schwimmbad konnte sie den Schutzengel nicht mitnehmen. Im Wasser würde sie ihn bestimmt verlieren. Also machte sie sich schweren Herzens ohne ihn auf den Weg zum Schwimmunterricht.

Als Linda am Nachmittag nach Hause kam, stürmte sie gleich in ihr Zimmer, um den winzig kleinen Schutzengel zu begrüßen. Aber was war das? Ihre Mutter hatte ihr Zimmer aufgeräumt, weil Linda es immer noch nicht getan hatte. Und nun war die Streichholzschachtel mit dem Schutzengel verschwunden. Linda durchwühlte das ganze Zimmer. Achtlos warf sie alle Sachen auf den Boden. Aber sie konnte den winzig kleinen Schutzengel nirgendwo finden. Wo konnte er nur sein? Erst von ihrer Mutter erfuhr Linda, dass die Streichholzschachtel in der Mülltonne gelandet war. Linda wurde ganz bange zu Mute. Hoffentlich war dem Schutzengel nichts passiert.

Sie lief schnell zum Mülleimer, um die Streichholzschachtel wieder herauszuholen. Mit zittrigen Händen öffnete Linda sie. Oje, der winzig kleine Schutzengel war ohnmächtig geworden. Außerdem hatte er von dem Plumps in den Mülleiner eine riesige Beule am Kopf.

Als der Schutzengel wenig später wieder die Augen aufschlug, blickte er Linda überrascht an. „Ich weiß wieder, wer ich bin“, sagte er und fing an zu jubeln. „Das muss wohl daher kommen, dass ich mir zum zweiten Mal den Kopf gestoßen habe.“

Natürlich freute sich Linda für ihn. Gleichzeitig war sie aber auch traurig, weil er sie jetzt wieder verlassen würde.

Doch der winzig kleine Schutzengel grinste. „Weißt du noch, als du letzten Monat Oma Berta besucht hast und heimlich einen Keks essen wolltest, obwohl es bald Abendessen gab?"

Linda staunte. „Woher weißt du das?"

Er zwinkerte. „Wir Schutzengel sehen und wissen alles."

„Ich habe den Keks aber nicht genommen", sagte Linda daraufhin.

„Und warum nicht?", fragte der Schutzengel. „Weil dir deine innere Stimme gesagt hat, dass du es nicht tun sollst."

„Oma Berta meint, das ist mein Gewissen." Linda stutzte. Plötzlich riss sie die Augen auf. „Willst du etwa sagen, dass *du* mein Gewissen bist?"

Der winzig kleine Schutzengel nickte. „Das ist die Aufgabe aller Schutzengel. Immer, wenn ein Mensch etwas Falsches tun will, versuchen wir, es zu verhindern."

„Aber wenn du mein Gewissen bist, was machst du dann hier?", fragte Linda. „Sonst habe ich dich doch auch noch nie gesehen."

„Als du dir auf der Leiter den Kopf gestoßen hast", sagte der winzig kleine Schutzengel, „musst du mich verloren haben."

Linda zog ein ratloses Gesicht. „Und was machen wir jetzt?"

„Ich muss irgendwie wieder zurück."

Linda überlegte. „Ich könnte dich runterschlucken."

Der Schutzengel verzog das Gesicht. „Besser nicht! Aber ich könnte in dein Ohr fliegen."

„Mein Ohr?" Linda sah ihn entsetzt an. „Tut das auch nicht weh?"

Der winzig kleine Schutzengel schüttelte den Kopf. „Ich bin dein Schutzengel. Ich würde dir nie wehtun!"

Tatsächlich kitzelte es nur ganz leicht, als der Schutzengel in ihr Ohr flog. Einen Moment später meldete sich ihr Gewissen: „Und jetzt räum erst mal dein Zimmer auf. Deine Mutter hatte sich soviel Mühe damit gegeben, und du hast wieder alles durcheinander gebracht!"

Linda lachte. Endlich war wieder alles, wie es sein sollte!

Michael Borlik

Das Gummistiefelwunder

Heute macht sich Mela fein. Sie wird nämlich auf eine Hochzeit gehen.

Bloß was will sie dort mit ihrer braunen Latzhose? Die hat ein so großes Loch, dass man ein ganzes Stück vom Po sehen kann! Und über den roten Rollkragenpulli zieht sie ihre froschgrüne Regenjacke. Oje, ist die beim letzten Wandern nicht ganz schön dreckig geworden? Mela, du willst ja wohl nicht in Gummistiefeln Walzer tanzen! Die sind zwar regenbogenfarben, neu und wunderschön, aber auf so ein Fest gehst du besser in deinen feinen weißen Sandalen. Wenigstens kämmen könntest du dich. Deine hellblonden Haare stehen nach allen Seiten ab. Wie ein Kornfeld kurz nach einem Wirbelsturm sehen sie aus – so wild. Kämmen, ha! Einen leicht verbeulten Strohhut setzt sie sich auf den Kopf. Was bitte soll denn das für eine Hochzeit werden? Jetzt könnte man Mela für einen Landstreicherjungen halten. Und unter dem Hutrand leuchtet ihre rote, von Sommersprossen gesprenkelte Nase.

Denn in den letzten Tagen ist es sonnig gewesen, frühlingswarm. Mela hat von morgens bis abends draußen gespielt. Etwas Schöneres hätte sie sich nicht vorstellen können. Sie ist zwischen den Büschen im Großvatergarten herumgekrochen, hat sich aus herumliegenden Brettern und einer Zeltplane eine Hütte gebaut, genau unterm Apfelbaum. Und ihre Nase hat sie in den Wind gehalten. Dabei ließ ein kleiner Sonnenbrand jede Menge Sommersprossen sprießen.

„Es wird Frühling", hat der Großvater gesagt, als er ihre Nase sah. „Genau das richtige Hochzeitswetter." Jetzt sitzt er vor dem Haus auf einer selbstgebauten Bank und liest.

Mela zieht die Tür hinter sich ins Schloss und setzt sich neben ihn. Er hat ebenfalls eine Regenjacke an und Gummistiefel, aber einfarbige schwarze. Auf dem Kopf trägt er einen Filzhut. Er blickt von seinem Buch auf und sagt: „Das ist ja eine richtige kleine Räubertochter neben mir. Nur eins fehlt noch." Mit diesen Worten beugt er sich vor, tunkt einen Finger in die kleine Pfütze auf dem Boden und malt Mela und sich selbst zwei rötlich braune Schlammstriche auf die Wangen.

„Ob wir die ersten Hochzeitsgäste sind?", fragt Mela.

„Wenn wir uns beeilen", entgegnet der Großvater. Obwohl er weiße Haare hat, eine Brille und Falten auf der Stirn, die wie Wellen aussehen, obwohl er viel älter ist als Mela, schlecht hört und seine Hände zittern, wenn er ihr morgens ein Glas Milch einschenkt, obwohl er ihr Großvater ist, geht er so schnell, dass Mela kaum hinterherkommt. Wenn er einen Schritt macht, macht sie zwei kleine Sprünge. Und nicht nur schnell ist er, er ist auch stark. Auf dem Rücken trägt er einen großen Korb, den man Kiepe nennt. Darin will er nachher noch Holz für das Feuer im alten Kachelofen sammeln. Er ist einer der ganz wenigen Großväter, die das noch machen. Wenn der Korb voll ist, dann ist er doppelt so schwer wie Mela selbst. Und der Großvater trägt ihn trotzdem auf seinen Schultern nach Hause.

Ihr Weg führt die beiden durch ein Wiesental und dann auf einem Forstweg durch den Wald. Schließlich biegen sie auf einen schmalen steinigen Pfad ab. Da bleibt der Großvater plötzlich stehen und legt seinen Zeigefinger an die Lippen. „Pst“, sagt er. „Hörst du das?“

Mela steht ganz still und atmet kaum. Eine Weile braucht sie, um sich an die Geräusche des Waldes zu gewöhnen. Aber dann hört sie es. Na klar, da wird schon Hochzeitsmusik gemacht! Jetzt muss sie loslaufen, sie kann nicht mehr länger warten.

„Fall nicht in den Teich“, ruft der Großvater ihr hinterher.

Denn die Hochzeit findet im Wasser statt. Es gibt Hunderte von Bräuten und Hunderte von Bräutigamen. Und alle sind gleichzeitig die Musikanten. Ihre hohen und tiefen, leisen und lauten Stimmen verbinden sich zu einem ganz besonderen Konzert. Manch ein Bräutigam hat noch keine Braut gefunden. Deswegen sind alle Bräute umringt von einem Haufen verliebter Bräutigame. Liebe macht bekanntlich blind. Und so glaubt am Ende einer der einsamen Bräutigame, dass seine Liebste angeschwommen kommt, als Mela ihre Hand ins Wasser taucht. Er kann sein Glück nicht fassen und klammert sich fest an ihre Finger.

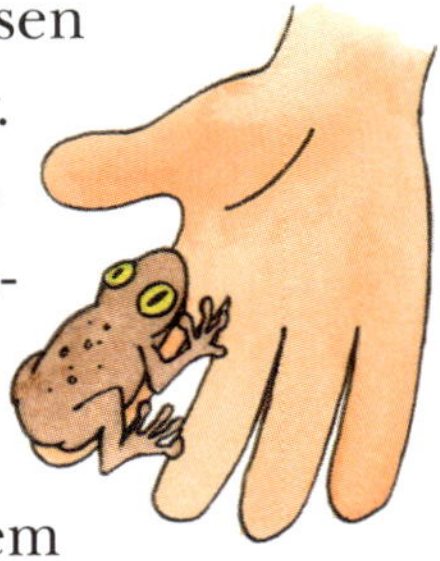

„Sieh dir das an“, sagt der Großvater, der nun auch beim Teich angekommen ist. „Wie fest er dich mit seinen kleinen Armen hält.“

Mela hebt den Bräutigam aus dem Wasser heraus und streicht mit der anderen Hand ganz sacht über seinen Rücken. Es scheint ihm zu gefallen, denn er unkt leise vor sich hin, schließt verliebt die Augen und nimmt Melas Finger noch fester in seine Arme.

„Der ist verknallt in dich“, sagt der Großvater.

„Quatsch!“ Mela kichert.

„Vielleicht musst du ihn küssen, damit er sich in einen Prinzen verwandelt.“

„Wie die Prinzessin im Froschkönig-Märchen?“

Der Großvater nickt. Aber dieser Bräutigam hier ist kein Frosch, sondern eine dunkelbraune Kröte. Es gibt auch hellbraune, grüne, rötliche. Die Bräutigame sind kleiner als die Bräute. Deshalb tragen die starken Krötenweibchen ihre vor Liebesglück ganz taumeligen Ehemännchen auf dem Rücken. Jedes Jahr in den ersten warmen Tagen des Frühjahrs kriechen die Kröten von überallher aus ihren Laub- und Zweighöhlen. Sie wandern weite Strecken bis zum nächsten Gewässer. Manche zwinkern sich schon auf dem Weg dorthin verliebt zu. Andere beginnen ihre leidenschaftlichen Liebestänze erst am Teichufer. Und wenn sich endlich zwei gefunden haben, gleiten sie eng umschlungen durch die Wellen, um Eier zu legen. Diese Eier schweben am nächsten Tag an einer langen Schnur aufgereiht schwerelos im Wasser – wie eine Kette von schwarz glänzenden Perlen, die eine Prinzessin im Vorübergehen verloren hat. Aus jeder einzelnen Perle wird in den langen Frühlingswochen erst eine Kaulquappe und nach und nach eine winzig kleine Kröte. Im Hochsommer klettern Tausende von Krötenkindern an Land. Dort wachsen sie weiter. Und im nächsten Frühjahr feiern sie selber Hochzeit, zum ersten Mal in ihrem Leben.

„Sieh mal, der hat Finger wie du und ich“, sagt der Großvater.

„Nur viel kleinere“, erwidert Mela. Sie zählt: „Eins, zwei, drei, vier ... Da fehlt ja einer!“

„Kröten haben nur vier Finger“, beruhigt sie der Großvater.

„Die Ellbogen sehen genau wie unsere aus. Und die Knie auch.“ Mela versteht nicht, wie man sich vor Kröten ekeln oder sogar fürchten kann. Sie findet sie schön mit ihren gelben Augen und dem schwarzen Strich darin. Ganz dicht geht sie mit ihrem Gesicht an das Gesicht des kleinen Bräutigams heran, um sich ihn genau anzusehen. Einen Moment lang schauen sie einander in die Augen. Dann lässt das Krötenmännchen sie plötzlich los und springt zurück ins Wasser. Mela ist enttäuscht.

Der Großvater tröstet sie: „Wenn du so ein Zwerg wärst wie er, und eine Menschenriesin käme dir zu nah, würdest du bestimmt auch ganz schnell die Flucht ergreifen.“ Er lächelt und schlägt vor, Holz sammeln zu gehen. Aber seine Enkelin möchte der Krötenhochzeit noch ein bisschen zusehen. „Dann müssen wir uns wohl für eine kleine Weile trennen", sagt Melas Großvater.

Am Teich sind fünf Minuten so schnell vorbei wie eine einzige. Es gibt so vieles zu entdecken, dass Mela zunächst gar nicht bemerkt, wie sich der Frühlingshimmel bewölkt und drei Jungen heranschlendern. Erst als sie ein Lachen hört, merkt sie, dass sie nicht mehr allein am Wasser sitzt. Die Jungen, mindestens vier oder fünf Jahre älter als sie, hocken sich an den Teichrand und stecken die Köpfe zusammen. Mela kriegt einen Schreck, denn ältere Jungen können sehr gemein sein, wenn ihnen ein Mädchen über den Weg läuft, das noch nicht einmal zur Schule geht. Sie macht sich so klein wie möglich und verhält sich mucksmäuschenstill. Nur ab und an linst sie zu ihnen hinüber.

Aber was machen die da? Zwei haben kleine Stöcke in der Hand, mit denen sie irgendwo herumstochern. Der dritte nimmt einen Trinkhalm in den Mund.

„Das traust du dich nie“, sagt einer der drei.

„Und ob“, entgegnet der mit dem Trinkhalm. Er hält ein Krötenweibchen in seiner Faust, hält es ganz fest.

Und plötzlich ist sich Mela sicher, dass die drei etwas Schlimmes vorhaben. Das Krötenweibchen zappelt, will sich befreien. Ich muss den Großvater rufen, denkt Mela. Aber wer weiß, wo er ist. Außerdem hört er so schlecht. Mela knabbert an den Nägeln. Ich bin ganz allein, und die sind zu dritt. Sie schwitzt, ihre Handflächen kribbeln. Ich hab Angst! Was anderes fällt ihr nicht ein. Sie schlottert richtig.

Da sieht sie, wie der eine die Kröte mit dem Trinkhalm in den Rücken piekst. In dem Moment plumpst die Angst mit einem Ruck aus Melas Brust direkt in die neuen Gummistiefel. In denen wird es heiß. Melas Füße fühlen sich an, als würden sie gleich zu dampfen beginnen. Die Regenbogenfarbe scheint sich in der Hitze von den Stiefeln zu lösen und an Melas Beinen emporzufließen. Davon werden ihre Beine auf einmal ganz stark. Auch die

Angst steigt wieder ihre Waden hinauf. Aber die hat sich in Wut verwandelt und kocht, siedet, glüht. Mela ist so wütend, wie nur irgendeiner sein kann. Keiner soll es wagen, in ihrer Nähe einer Kröte weh zu tun!

Gibt es das? Der Stiefelregenbogen umhüllt Mela bereits wie ein Feuer. Und jetzt wächst sie. Sie wächst aus den Stiefeln heraus, sie wächst aus ihrem Versteck heraus, wächst über die Bäume hinaus und in den dunklen Himmel hinein. Sie wird riesig. Ja, zu einer Riesin wird sie, zu einer schrecklich gefährlichen Riesin. Und diese Riesin ballt jetzt ihre Furcht erregenden Fäuste, sammelt all ihre Wut und Kraft im Bauchnabel, kneift die Augen zusammen, holt tief Luft und ... Die Riesin brüllt! Brüllt, dass es kracht.

Was war das? Mela öffnet die Augen. Sie ist ja gar nicht größer als sonst! Ist es ihr nur so vorgekommen, als sei sie gewachsen? Aber das dicke Krötenweibchen, das eben noch gefangen war, springt jetzt mit einem einzigen Satz ins Wasser. Und die drei großen Jungen glotzen, als hätten sie noch nie ein

Mädchen gesehen. Sie drehen sich um und rennen, als ginge es um ihr Leben. Da donnert es wieder. Mela hat mit ihrem Brüllen ein Frühlingsgewitter entfesselt. Sie hört ihren Großvater rufen: „Es ist doch nichts passiert?“ Er kommt aus dem Wald mit seiner Kiepe voller Holz. Ein Blitz zuckt über den Himmel, und der Regen beginnt.

Mela deutet erst auf die Kröte, dann auf die fliehenden Jungen.

„Ach so ist das“, sagt der Großvater. „Du bist wohl der Schutzengel der Kröten!“

Mela nickt und strahlt. Sie greift sich einen Ast vom Boden und streckt ihn als Schwert in die Luft. In diesem Moment reißt genau dort, wohin ihr Astschwert zeigt, der Himmel auf. Ein Stückchen Sonne wird sichtbar. Und vor der dunklen Wolkendecke entsteht ...

„Ein Regenbogen“, ruft Mela aus.

„Du kannst ja wirklich Wunder vollbringen“, sagt der Großvater verblüfft.

Auch seine Enkelin staunt. Bis hoch in den Himmel ist die Regenbogenfarbe also gestiegen. Lang-

sam beginnt Mela zu ahnen, dass ein Schutzengel für Kröten vielleicht keine Flügel braucht, wohl aber solche Gummistiefel wie ihre, die an den Füßen leuchten.

Viviane Eisold

Karlchens Schutzengel

Oma Martha stand mit gepackten Koffern im Hausflur und wartete auf ihr Taxi. Steffen und Michaela, ihre beiden Enkel tobten mit Omas Rauhaardackel Karlchen durchs Wohnzimmer. Es war Ende Februar, und der Winter legte sich noch ein letztes Mal mächtig ins Zeug. Ein eisiger Wind blies und trieb dicke Schneeflocken vor sich her. Es war viel zu kalt und stürmisch, um draußen zu spielen.

Vor dem Haus fuhr das Taxi vor, und Oma Martha umarmte alle zum Abschied. Bevor sie in die dreiwöchige Kur verschwand, wandte sie sich noch einmal an Steffen: „Und denk daran, Steffen, lass Karlchen auf keinen Fall von der Leine. Du weißt, wie gerne der kleine Racker ausbüxt."

„Klar Oma, das hast du uns schon zehnmal gesagt. Mach dir keine Sorgen, Michaela und ich werden uns schon um ihn kümmern."

Die Tür fiel ins Schloss, und Oma Martha rauschte im Taxi davon. Ein bisschen Sorge hatte sie schon, denn Karlchen war ihr kleiner Schatz, und sie hing sehr an ihm. Aber sie konnte das Tier leider nicht mit in die Kur nehmen, weil Hunde in ihrer Pension ausdrücklich verboten waren.

Zum Glück waren Steffen und Michaela alt genug, um mit Hilfe ihrer Mutter nach dem kleinen Dackel zu schauen. Steffen ging in die zweite Klasse, und Michaela war auch schon fast sechs. Oma wusste außerdem, wie gerne die Kinder selbst einen Hund hätten, wenn ihre Mutter nicht dagegen wäre. Oma Martha brauchte sich keine Sorgen zu machen: Karlchen war in den besten Händen.

Die nächsten Tage vergingen wie im Flug. Jeden Tag nach Schule und Kindergarten eilten Steffen und Michaela nach Hause, um mit ihrem kleinen Freund herumzutollen. Auch Karlchen hatte einen Heidenspaß daran. Bei Oma Martha konnte er sich nicht richtig austoben, die beiden Kinder waren aber genauso energiegeladen und wild wie er selbst.

Der Schneefall hatte nachgelassen, und jetzt konnten die drei mittags in den Garten hinter dem

Haus gehen. Steffen und Michaela bauten dort Schneemänner, während Karlchen überall herumschnüffelte. Eines Mittags, als die Kinder dabei waren, ein Iglu zu bauen, grub sich Karlchen unbemerkt unter dem Holzzaun durch. Steffen sah gerade noch das Ende der Leine unter dem Zaun verschwinden, da war Karlchen auch schon weg. Er war raus aus dem Garten und direkt auf die Straße gelaufen! Die Kinder rannten hinter ihm her so schnell sie nur konnten, aber er hatte einen gehörigen Vorsprung, und sie konnten ihn nirgendwo sehen.

Plötzlich hörten sie das Kreischen von Bremsen und ein lautes Hupen in der nächsten Straße. Sie liefen keuchend dem Geräusch nach und fanden einen korpulenten Mann mit dicker Hornbrille, der aus einem kleinen Lieferwagen stieg.

„Ist das euer Hund?“, fragte er und deutete auf Karlchen, der völlig verdattert auf dem Bürgersteig saß. „Wenn meine Sina nicht gebellt hätte, hätte ich ihn glatt überfahren. Ihr müsst besser auf den kleinen Stromer aufpassen.“

Auf dem Beifahrersitz saß eine schwarze Neufundländer-Hündin und blickte die Kinder stolz an. Sie wusste genau, dass von ihr gesprochen wurde. Michela und Steffen entschuldigten sich kurz und hoben den Ausreißer erleichtert auf. Nicht auszudenken, was Oma Martha gesagt hätte, wenn Karlchen unter ein Auto gekommen wäre.

Aber das würde Steffen und Michaela eine Lehre sein. Sie mussten einfach besser auf Karlchen aufpassen.

Die folgenden zehn Tage benahm sich Karlchen vorbildlich. Er gehorchte aufs Wort und versuchte nicht einmal davonzulaufen, wenn er nicht angeleint war. Der Vorfall mit dem Auto schien einen bleibenden Eindruck hinterlassen zu haben. Dann, zwei Tage bevor Oma Martha wieder von der Kur zurückerwartet wurde, meldeten die ersten Sonnenstrahlen das Kommen des Frühlings. Der Tag war einfach zu schön, um ihn in Wohnung oder Garten zu verbringen.

Michaela und Steffen nahmen Karlchen mit auf einen Spaziergang durch den Park. Friedlich lag der, mit einer Eisschicht bedeckte, See da. Kein Laut war zu hören, die Felder und Straßen waren wie leergefegt. Außer den beiden Kindern und dem kleinen Rauhaardackel war weit und breit niemand zu sehen. Da sich Karlchen in den letzten Tagen so gut benommen hatte, wollten Michaela und Steffen den Hund heute frei herumtollen lassen.

Steffen machte ihn von der Leine los und beobachtete den kleinen Wicht, wie er schnüffelnd und schnuppernd über die verschneiten Wege wuselte. Nach ein paar Minuten zog Steffen einen roten Gummiball aus der Tasche. Das war Karlchens Lieblingsspielzeug. Steffen warf dem Hund den Ball immer wieder zu, und Karlchen brachte ihn gehorsam jedes Mal zurück. Immer weiter warf Steffen den Ball, und immer länger brauchte Karlchen mit

seinen kurzen Beinen, um das Spielzeug zurückzuholen.

Schließlich, als Steffen und Michaela genug hatten und ihnen trotz der Sonnenstrahlen schon recht kalt war, gab Steffen noch einmal alles. Mit aller Kraft schleuderte er die Kugel fort: Sie landete am Rande des zugefrorenen Sees. Für einen Moment blieb der Ball unschlüssig liegen, dann rollte er noch mehrere Meter über das Eis und stoppte schließlich auf der dünnen Eisschicht.

Ehe Steffen eingreifen und Karlchen zurückpfeifen konnte, war der Rauhaardackel losgerannt, seinen Blick stur auf den roten Ball gerichtet. Die ersten paar Meter ging alles gut. Das Eis hielt das Gewicht des Hundes aus, aber dann fing es an zu knacken und zu stöhnen. Feine Risse erschienen auf der Eisdecke. Steffen und Michaela standen wie erstarrte Schneemänner und blickten ängstlich auf den See. Karlchen hatte den Ball noch nicht erreicht, als unter ihm die Eisdecke nachgab und der kleine Hund im eiskalten Wasser landete. Eisschollen schwammen um ihn herum. Nur der Weg zum Ufer war noch mit einer dünnen Eisschicht bedeckt, die jedoch so glatt und feucht war, dass sich Karlchen nicht daran festklammern konnte.

Steffen und Michaela wollten schon losrennen, um das Tier zu befreien, als hinter ihnen jemand einen Warnruf ausstieß: „Halt, Kinder, das Eis hält euch nicht. Wartet auf uns, vielleicht können wir den Hund mit einem Stock herausziehen."

Ein älteres Ehepaar kam angeschlurft, der Mann hatte einen Wanderstock in der Hand, den er Steffen gab. Der Junge rannte ans Ufer und kniete sich hin. Aber es war sinnlos, der Stock war viel zu kurz, und Karlchen konnte ihn nicht erreichen. Der Hund fing an zu fiepen, verzweifelt versuchte er, auf die noch vorhandene Eisfläche zu gelangen, rutschte aber immer wieder ab. Seine Bewegungen wurden immer langsamer, die Kälte kroch in seine Knochen, er wurde immer schwächer.

Als Steffen und Michaela schon alle Hoffnungen auf eine Rettung aufgegeben hatten, fegte ein schwarzer Riese wie aus dem Nichts herbei. Kraftvoll stieß sich Sina, die Neufundländerin, vom Ufer ab und warf sich auf das dünne Eis, das wie Glas unter ihr zerbarst. Sie paddelte vorwärts. Dort, wo ihr noch Eis den Weg versperrte, ließ sie ihre kräftigen Pfoten wie Hämmer niedersausen und zertrümmerte es. Meter um Meter näherte sie sich dem hilflosen Rauhaardackel, der sich kaum noch über Wasser halten konnte. Und endlich war sie bei Karlchen angekommen. Wie einen Welpen ergriff sie ihn mit ihrem Maul im Nacken und machte sich auf den Rückweg.

Staunend standen Michaela und Steffen am Ufer, als sich Sinas Besitzer, Herr Brockmann, zu ihnen gesellte. „Na, ihr beiden, hat euer Streuner wieder einen Ausflug gemacht?“

„Er wäre fast ertrunken, wenn Sina nicht gekommen wäre.“

Die beiden Hunde hatten das rettende Ufer fast erreicht.

„Tja“, meinte Herr Brockmann, „wie mir scheint, hat Sina sich zum Schutzengel des Kleinen gemacht, seit sie ihn davor bewahrt hat, überfahren zu werden.“

Die beiden Hunde trotteten näher. Sie waren klatschnass, und dünne Eiszapfen hingen in ihrem Fell. Karlchen machte einen völlig erschöpften Eindruck, allerdings schien der Ausflug keine bleibenden Schäden bei ihm hinterlassen zu haben. Er war gerade noch rechtzeitig gerettet worden. Sina ließ sich auf die Hinterläufe nieder, reckte majestätisch den mächtigen Schädel und sonnte sich in dem Lob, das von allen Seiten auf sie niederprasselte.

Als sich die Aufregung etwas gelegt hatte, marschierten Steffen und Michaela zügig nach Hause, um Karlchen ins Warme zu bringen. Ihre Mutter hatte den kleinen Hund gerade trockengerieben und in sein Körbchen gelegt, da gähnte er auch schon, und sein Kopf fiel müde auf das Kissen. Er schlief sofort ein.

Als Oma Martha schließlich wieder mit dem Taxi vorfuhr, war Karlchen ganz der Alte. Er tollte vor

Freude um die Beine seines Frauchens und japste laut vor Glück. So schön und aufregend die drei Wochen auch gewesen waren, er war doch froh, dass Oma wieder da war und sein Leben wieder in ruhigeren Bahnen verlief.

„Bist du denn auch artig gewesen, Karlchen?“, fragte die Oma und blickte ihre Enkel an.

Michaela und Steffen nickten. „Na klar. Null Problemo. Und außerdem hat man ja immer noch einen Schutzengel, der in gefährlichen Situationen eingreift.“

In Karlchens Fall war dieser Schutzengel jemand mit dichtem schwarzen Fell und dicken Pfoten, der auf den Namen Sina hörte.

Oliver Höger

Kleiner Engel, ganz groß

Tina stellte gerade ein paar Bücher ins Regal zurück, als ihre Mutter ins Zimmer kam. Dummerweise stand Tina auf einem Stuhl hinter der Tür. Die Tür stieß gegen den Stuhl, der Stuhl wackelte, und Tina fiel – auf ihr Bett. „Da hast du aber Glück gehabt", sagte ihre Mutter. „Du scheinst einen guten Schutzengel zu haben."

„Pah! Schutzengel. Ich kann mir selber helfen", schnaubte Tina verächtlich, während sie aufstand.

„Wie auch immer. Beim nächsten Mal benutzt du bitte die Leiter, wenn du wieder etwas ins Regal stellen willst."

„Mama! Ich kann das!", sagte Tina genervt.

„Eigentlich wollte ich dich fragen, ob du zum Einkaufen mitkommst", sagte die Mutter.

Tina dachte kurz nach. „Nee“, antwortete sie schließlich, „ich will erst mein Zimmer aufräumen.“

„Na schön, dann bist du aber kurz allein. Schaffst du das?“

„Mama. Ich bin sechs Jahre alt. Ich kann auf mich selbst aufpassen“, sagte Tina entrüstet.

„Aber du machst keine Dummheiten“, warnte die Mutter.

„Mama!“, stöhnte Tina und war schon wieder mit Aufräumen beschäftigt.

Die Mutter holte ihren Einkaufskorb aus der Küche. Als sie an der Wohnungstür stand, rief sie: „Tina? Ich schließe die Tür lieber ab, ja?“

„Okay. Aber ich bin schon groß genug. Ich passe alleine auf mich auf!“, schrie Tina zurück. Der Schlüssel klapperte im Schloss, und die Mutter lief polternd die Holztreppe hinab. Tina stellte ihre Lieblings-Barbie ins Regal.

Eine Etage tiefer kochte Frau Bräsig ihr Mittagessen. Das Fett brutzelte schon in der Pfanne, als es an der Haustür klingelte. Frau Bräsig ging zur Tür.

Draußen stand Tinas Mutter. Frau Bräsig war manchmal sehr vergesslich, deshalb fragte Tinas Mutter immer nach, ob sie etwas für Frau Bräsig einkaufen sollte. So auch heute. „Nein, nein, das ist recht freundlich von ihnen“, sagte Frau Bräsig. „Aber ich habe alles. Ich brate mir nämlich Frikadellen. Und dazu gibt es Rotkohl und Kartoffelpüree. Das habe ich alles im Haus.“ Tinas Mutter verabschiedete sich und lief weiter nach unten. Nur kurz wunderte sich Frau Bräsig, warum sie Tina nicht gesehen hatte. Aber dann dachte sie, dass Tina vielleicht schon vorgelaufen war.

Das Fett in der Pfanne wurde immer heißer.

In der Etage darüber verspürte Tina plötzlich fürchterlichen Durst. Sie ging in die Küche und fand eine angebrochene Packung Apfelsaft im Kühlschrank. Aber leider hatte ihre Mutter wieder einmal vergessen, ein Glas auf den Tisch zu stellen. „Typisch“, maulte Tina und pustete sich eine Locke aus der Stirn. Sie schob den Küchenstuhl vor den Herd und kletterte darauf. „Die Schränke sind aber auch wirklich hoch“, murmelte sie, als sie auf Zehenspitzen balancierte, um an ein Glas heranzukommen. Der Stuhl rutschte ein Stück zurück und kippte. Tina griff nach dem Schrankboden.

Als Frau Bräsig gerade in die Küche zurückgehen wollte, klingelte das Telefon. Es war ihre Freundin Frau Wulf. Sie hatte in der Zeitung gesehen, dass eine schöne Busreise an die Nordsee stattfand und wollte Frau Bräsig fragen, ob sie Lust habe mitzukommen. „Ach ja, die Nordsee, wie lange habe ich die nicht mehr gesehen“, sagte Frau Bräsig. Sie setzte sich auf den Sessel im Flur und begann zu plaudern. In der Küche brutzelte das Fett immer heftiger. Erste Tropfen sprangen aus der Pfanne und regneten ölig auf den Holzfußboden.

Tina konnte sich gerade noch halten. Der Stuhl rutschte weiter und fiel polternd um. Aber Tina stand halbwegs sicher auf dem Unterschrank. Tja, das liegt daran, dass ich eine so gute Turnerin bin. Und so komme ich auch leichter an die Gläser, dachte sie und nahm eines aus dem Schrank. Sie sprang mit dem Glas in der Hand auf den Boden. Auf ihren Strümpfen rutschte sie ein wenig nach vorn und als der Schwung nachließ, kippte sie nach hinten. Sie glitt haarscharf an der Tischkante vorbei. Doch sie fing sich wieder. „Gekonnt ist gekonnt!“, murmelte sie etwas unsicher, aber dann goss sie sich schnell das Glas voll und lief zurück in ihr Zimmer. Dort schaltete sie den Kassettenrekorder an und drehte den Ton laut auf. Dann tanzte sie durch ihr Zimmer.

Als Frau Bräsig gerade erzählte, wie sie mit ihrem Mann vor über vierzig Jahren einmal eine Reise an die Nordsee unternommen hatte, gab es in der Küche einen leichten Knall. Doch weil Frau Bräsig so laut sprach, hörte sie den Knall nicht.

Das Fett hatte sich entzündet. Denn wenn Fett zu heiß wird, beginnt es zu brennen. Meistens gibt es dann auch eine große Stichflamme. In der Pfanne brannte es. Das war schlimm genug, aber die Stichflamme war so groß, dass ihre Flammen an der Küchenpapierrolle leckten, bis diese Feuer fing. Nach ein paar Sekunden zischelten die Flammen herauf bis zur Gardine. Glimmende Stoffreste schwebten auf den Boden, die brennende Küchenpapierrolle fiel in die Pfanne. Fett spritzte wie ein Feuerwerk auf den Boden.

Es ist schwer zu sagen, wie es genau weiterging. Aber schon nach wenigen Minuten gab es in der Küche nichts mehr, was nicht brannte.

Tina drehte die Kassette um. „So, jetzt hör mal, wie es dem kleinen Engel auf seiner weiten Reise ergeht", sagte sie zu ihrer Lieblings-Barbie. Dann fügte sie noch schnell hinzu: „Aber das musst du nicht glauben, das ist nämlich nur ein Märchen."

Frau Bräsig ließ den Hörer fallen. Sie schrie: „Feuer! Hilfe!" Die Flammen kamen aus der Küche geschossen und fraßen sich in den Flur. Der Teppich brannte auf der Stelle. Frau Bräsig rannte zur Wohnungstür. Sie riss die Tür auf und stürzte ins Treppenhaus. Ihre Freundin legte auf. Sie hatte die Worte Feuer und Hilfe gehört. Schnell wählte sie die Nummer der Feuerwehr.

Wenige Minuten später rasten drei Feuerwehrautos mit lauten Sirenen aus einem roten Backsteingebäude. Es dauerte ein paar Minuten, bis sie vor dem Haus, in dem Tina wohnte, zum Stehen kamen. Frau Bräsig stand weinend auf dem Bürgersteig. Ein kräftiger Feuerwehrmann sprang aus dem Löschwagen und lief zu ihr. „Ist noch jemand im Haus?“, rief er.

Sie schüttelte den Kopf: „Nein, die Leute arbeiten ja alle. Und die kleine Tina ist gerade mit ihrer Mutter Einkaufen gegangen.“

Tina hörte die Sirenen. Sie ging zum Fenster. Unten standen drei Feuerwehrautos mit Blaulicht. „Wo es hier wohl brennt?“, fragte sie sich. Da sah sie aus dem Fenster unter ihr Flammen hervorschießen. Ihre Hände begannen zu zittern, und ihr Herz krampfte sich zusammen. „Mama!“, rief sie. Aber ihre Mama war nicht da. Tina war allein im Haus. Sie rannte zur Tür. Sie drückte die Klinke herunter. Die Tür ließ sich nicht öffnen. Aber das war auch besser so, denn im Treppenhaus röhrten die Flammen wie ein hungriger Drache.

Tina rannte zurück ans Fenster. Sie riss das Fenster auf und schrie: „Hilfe! Hilfe! Hilfe!“

Einer der Feuerwehrmänner zeigte aufgeregt nach oben und rief etwas. Mit einer Axt in der Hand rannte ein anderer Feuerwehrmann auf das Haus zu, aber jemand hielt ihn zurück. Er schüttelte den Kopf, denn es war unmöglich, durch die Flammen ins Haus zu kommen. Tina schrie lauter.

Von einem der Wagen wurde eine Leiter hochgefahren. Sie war schon am ersten Stockwerk, dann am zweiten. Tina wohnte aber im fünften Stockwerk. Die Leiter erreichte das dritte Stockwerk, dann verfing sie sich in den Straßenbahnleitungen.

Tina brüllte jetzt verzweifelt. Sie wusste, dass die Flammen jeden Moment durch die Tür kommen würden.

Unten holten die Männer ein Sprungtuch aus dem Wagen. Sie bildeten einen Kreis und hielten das Tuch in ihrer Mitte straff gespannt. Der Feuerwehrmann nahm ein Megafon und brüllte Tina zu: „Spring, kleines Mädchen!“

Tinas Zähne klapperten aufeinander. Von hier oben sah das Sprungtuch winzig aus. Nein, sie würde nicht springen. Eine so gute Turnerin war sie auch wieder nicht. Sie hoffte, dass ihre Mama kommen und sie retten würde.

„Spring endlich!“, rief der Mann wieder.

„Nein. Ich werde ganz bestimmt nicht springen! Das kleine Tuch treffe ich doch nie im Leben!“, schrie Tina zurück. Doch der Hauptmann hörte sie nicht. Immer noch winkte er.

„Spring!“ Die Stimme war leise und hell wie Glockenklang. Tina hörte sie genau neben sich. Langsam drehte sie sich zur Seite. Ein winzig kleines Wesen mit weißen Flügeln und silbernem Haar stand neben ihr auf dem Fensterbrett.

„Wer bist du?“, fragte Tina.

„Dein Engel“, sagte das Wesen.

Hätte Tina nicht solche Angst gehabt, dann hätte sie wahrscheinlich laut losgelacht. Aber so konnte sie nur sagen: „So ein Winzding soll mein Engel sein?“

Der Engel rümpfte die Nase. „Weil du nicht an mich glaubst.“

„Was?”“

„Hör mal, wir haben jetzt wirklich keine Zeit, um über meine Größe zu reden. Oder willst du etwa in den Flammen sterben?“

„Nein! Nein! Das will ich nicht.“

„Also spring jetzt!“

„Nein.“

Der Engel zog seine Augen zu einem schmalen Schlitz zusammen. Dann sagte er: „Ich bin dein

Engel. Ich will dir doch nur helfen. Also komm schon, spring."

„Wenn du wirklich ein Engel wärst, dann könntest du mich nehmen und mit mir davonfliegen."

„Ja. Das würde klappen, wenn du an mich glauben würdest. Dann wäre ich nämlich groß."

„Echt?"

Der Engel wurde langsam wirklich böse. Denn in großer Gefahr können auch Engel böse werden. „Wenn du nicht springst, muss ich bei dir bleiben. Und ich habe keine Lust, gebraten zu werden."

Auf der Straße hatten sich inzwischen viele Schaulustige versammelt. Überall gingen Fenster auf, und neugierige Menschen schauten hinaus. Sie alle riefen, dass Tina springen solle. Doch sie sprang nicht.

„Engel", sagte das Wesen, „sind immer nur so groß, wie der Glaube, den man ihnen schenkt. Aber du glaubst, dass du immer alles allein schaffst. Was denkst du eigentlich, wer dir vorhin auf den

Schrank geholfen hat? Wer hat wohl den Tisch ein wenig zur Seite gerückt, damit du nicht mit deinem Kopf darauf schlägst? Wer hat dich aufs Bett geschubst, damit du nicht auf den Boden fällst? Na? Was glaubst du?“

„Das warst du?“, fragte Tina zweifelnd. Doch langsam begann sie, dem Zwerg zu glauben.

„Ja, das war ich. So, wie ich dich dein ganzes Leben beschützt habe. Aber das hier, das ist zu schwer. Dafür bin ich zu klein. Und wir haben keine Zeit. Die Flammen kommen gleich durch die Tür. Spring!“

Tina sah hinunter. Die Männer winkten und riefen. Das Sprungtuch schien noch kleiner geworden zu sein. Aus den Schläuchen spritzte Wasser in die Fenster der unteren Stockwerke. Aber es reichte nicht. Noch immer schlugen Flammen durch die geplatzten Scheiben.

„Vertraue mir, und glaube an mich“, sagte der Engel ganz ruhig. „Dir wird nichts passieren.“

Tina kletterte auf die Fensterbank. Sie hielt sich am Rahmen fest. Jetzt war das Tuch noch weiter entfernt. Sie sah den Engel an. Er war ganz ruhig und sicher.

„Aber du bist so klein“, sagte sie.

„Ich werde groß, wenn du an mich glaubst“, erwiderte er.

„Mädchen!“, rief der Feuerwehrhauptmann.

„Was ist mit dir? Kommst du nicht mit?“, fragte Tina den Engel.

„Wenn du springst, wird mir nichts geschehen. Ich glaube an dich“, sagte der Engel.

Tina schloss die Augen, sie schluckte, dann ließ sie den Rahmen los und fiel ins Leere.

Sie landete hart aber unverletzt auf dem Sprungtuch. Als sie nach oben sah, schlugen Flammen aus ihrem Fenster.

„Aber der Engel verbrennt!“, rief sie.

„Wer?“, fragte der Feuerwehrmann, der Tina vom Sprungtuch hob.

Sie zeigte aufgeregt auf ihr Zimmerfenster. „Sie müssen ihn auch retten!“, schrie sie. Da erhob sich eine riesige Gestalt aus den Flammen. Ein Engel,

groß und leuchtend, trat ins Leere, schlug mit seinen Flügeln und schwebte langsam aus dem Flammenmeer. „Da! Da! Da!", rief Tina.

Die Männer sahen hoch. Doch sie entdeckten nichts. Nur Flammen, die am Haus züngelten.

Dann hörte Tina seine Stimme. Aber nicht so, als ob er wirklich sprach. Die Stimme war in ihrem Kopf, genau hinter ihrer Stirn: „Sie können mich nicht sehen. Jeder sieht nur seinen eigenen Engel."

„Gehst du weg?", fragte Tina.

„Nein. Ich bleibe in deiner Nähe, aber ich werde mich jetzt wieder unsichtbar machen. Übrigens kommt deine Mutter gleich um die Ecke, vielleicht solltest du schnell zu ihr laufen, bevor sie sich erschreckt."

„Mach ich", sagte Tina und rannte los, ihrer Mutter entgegen.

Michael Engler

Billie sucht eine neue Aufgabe

Billie blickte hinunter auf die Welt, die in flauschigen Schneeflocken versank. Dann seufzte er, faltete seine Flügel auf und schwebte zu einem strahlendweißen Turm, der sich auf der Spitze eines Wolkenberges erhob. Als er an die goldene Pforte klopfte, öffnete sie sich einen Moment später, und ein alter Mann mit schlohweißem Bart stand vor Billie. Es war Petrus, der Chef der Schutzengel. Als Petrus Billies bedrückte Miene bemerkte, runzelte er die Stirn und bat den Schutzengel hinein. „Was kann ich für dich tun?"

Billie seufzte erneut. „Ich möchte kein Schutzengel mehr sein."

Petrus blickte ihn erstaunt an. „Du willst kein Schutzengel mehr sein?", fragte er, als wollte er sichergehen, dass er sich nicht verhört hatte.

Billie nickte.

„Das verstehe ich nicht", sagte Petrus. Er führte Billie zu einem kleinen Tisch, neben dem zwei ge-

waltige Sessel aufragten. „Und nun erzähle mir, was passiert ist."

Schleppend begann Billie zu berichten, warum er kein Schutzengel mehr sein wollte. Er schniefte leise, als er sagte: „Immer geht alles schief, was ich mache. Ich bin der schlechteste Schutzengel der Welt!"

Petrus zog die Brauen hoch. „So, denkst du das?"

„Ich denke das nicht nur, ich weiß es", sagte Billie matt. „Vor ein paar Wochen sollte ich über die kleine Ines wachen. Aber wegen mir hat sie sich erschreckt und ist vom Fahrrad gefallen. Deshalb hat sie einen schlimmen Kratzer am Ellbogen bekommen."

„So, so."

„Und dann sollte ich auf Tommy aufpassen. Ich war nur ein paar Sekunden lang unaufmerksam, und schon hatte er das Haus seiner Eltern unter Wasser gesetzt. So kann es nicht weitergehen."

Petrus warf Billie einen nachdenklichen Blick zu, während er sich über seinen schlohweißen Bart strich. „Wenn du kein Schutzengel mehr sein willst“, sagte er nach einer Weile, „könntest du dem Christkind in der Weihnachtsbäckerei helfen. So kurz vor Weihnachten ist dort immer viel zu tun. Nun, was denkst du, Billie?“

Billie war einverstanden. Er würde alles tun, wenn er nur kein Schutzengel mehr sein musste.

Am nächsten Morgen machte sich Billie auf den Weg in die Weihnachtsbäckerei. So gut gelaunt war er schon lange nicht mehr. Als er die Weihnachtsbäckerei betrat, herrschte dort ein reges Treiben. Überall waren Engel damit beschäftigt, Teig zu kneten, Plätzchen auszustechen und Backbleche einzufetten. Und aus den Backöfen strömte ein süßer Duft nach Zimt und Vanille.

Wie wundervoll, dachte Billie. Hier gibt es bestimmt nichts, was ich verkehrt machen könnte.

Plötzlich kam ein kleines, pummeliges Engelchen angeflogen, das genüsslich von einem Plätzchen naschte. „Willkommen“, sagte es. „Ich bin Nara. Das Christkind hat mir schon gesagt, dass du heute kommen würdest. Wir beide sollen nämlich zusammenarbeiten.“

„Das wird bestimmt lustig“, sagte Billie hocherfreut.

Nara grinste ihn an. „Komm, Billie. Ich werde dich erst einmal durch die Weihnachtsbäckerei führen.“

Wenig später standen die beiden an einem großen Tisch und rührten den Teig für Honig-Milch-Plätzchen, Schokoladenkringel und Zimtsterne an. Nara gab jeweils die Zutaten in eine Schüssel, und Billie vermischte sie. Die beiden hatten viel Spaß dabei. Die ganze Zeit alberten sie herum und naschten von dem Teig oder den fertigen Plätzchen.

„Du bist wirklich komisch“, sagte Nara.

Billie grinste. „Du aber auch!“

Dann wandte er sich dem Ofen zu, um ein Backblech mit fertigen Zimtsternen herauszuholen. Als er es auf dem Tisch abgestellt hatte und gerade nach einem neuen Blech greifen wollte, sah er aus den Augenwinkeln, wie sich Nara einen der Zimtsterne nehmen wollte.

„Nicht“, rief Billie und sprang nach vorne, stieß dabei jedoch versehentlich gegen eine Kanne mit

Milch. „Das Backblech ist noch heiß."

Damit hatte Billie zwar verhindert, dass sich Nara am Backblech verbrannte. Doch die umgestoßene Milch löste trotzdem eine kleine Katastrophe in der Weihnachtsbäckerei aus. Ein Engel, der einen großen Mehlsack trug, rutschte in der Milchlache aus. Als der Sack auf den Boden fiel, explodierte er in einer dichten Mehlwolke, die sich über die ganze Weihnachtsbäckerei ausbreitete.

Oh, nein, dachte Billie traurig. Es wird Stunden dauern, das wieder aufzuräumen. Und ich bin mal wieder Schuld!

Am nächsten Tag kehrte Billie nicht in die Weihnachtsbäckerei zurück. Stattdessen ging er zu Petrus. Er erzählte ihm, was er für ein Durcheinander in der Weihnachtsbäckerei angerichtet hatte und bat Petrus, woanders arbeiten zu dürfen. Dieses Mal wurde Billie zum Nordpol geschickt, wo er dem Weihnachtsmann bei den Vorbereitungen zum Heiligen Abend helfen sollte.

In der Werkstatt des Weihnachtsmannes herrschte ein ebensolches Durcheinander wie in der Bäckerei des Christkinds. Überall standen Elfen mit grünen Spitzhüten und hämmerten, schraubten und sägten an dem Spielzeug für das kommende Weihnachtsfest. Eine Weile beobachtete Billie sie mit leuchtenden Augen. Es war unglaublich! Das ganze Jahr über wurde hier gearbeitet, damit jedes Kind auf der Welt zu Weihnachten ein Geschenk bekam.

Plötzlich stand ein großer Mann mit dickem Bauch und weißem Bart neben Billie. „Ho, ho, ho", sagte er. „Bist du der neue Gehilfe, den Petrus mir angekündigt hat?"

Billie nickte.

„Ich habe eine ganz besondere Aufgabe für dich", sagte der Weihnachtsmann. „Ich möchte, dass du dich um meine Rentiere kümmerst."

Billie machte große Augen. Er sollte sich tatsächlich um die Rentiere des Weihnachtsmannes kümmern?

„Komm“, sagte der Weihnachtsmann, „ich stelle sie dir vor!“

Und so lernte Billie die berühmtesten Rentiere der Welt kennen, die jedes Jahr in der Heiligen Nacht den Schlitten des Weihnachtsmannes zogen. Schnell freundete sich Billie mit ihnen an. Jeden Tag brachte er den Rentieren frischen Hafer und Wasser und bürstete ihr Fell, bis es glänzte.

Doch als er eines Morgens vor die Tür trat, um die Rentiere zu füttern, hörte er ein fernes Rufen. Zuerst glaubte Billie, er hätte sich verhört und es sei bloß der frostigkalte Wind des Nordpols, der um die Werkstatt weht. Aber dann wurde ihm klar, dass wirklich jemand in Not war. Sofort flog Billie in die Richtung, aus der der Hilferuf gekommen war. Bald darauf entdeckte er ein tiefes Schneeloch, in dem ein Elf festsaß. Es war Kirell, ein Elf aus der Werkstatt des Weihnachtsmannes. Billie befreite ihn aus dem Loch, und Kirell erzählte ihm, dass er beim Morgenjogging hineingestürzt war.

„Vielen Dank“, sagte Kirell. „In dem Schneeloch war es bitterkalt. Wenn du mich nicht gerettet hät-

test, wäre ich sicher erfroren.“

Billie war glücklich, dem Elf geholfen zu haben, und kehrte mit einiger Verspätung zu den Rentieren zurück. Doch kaum hatte er den Stall betreten, drehten sie ihm den Rücken zu und taten so, als wäre er gar nicht da. Keines der Rentiere wollte von Billie gefüttert werden oder sich von ihm bürsten lassen. Sie waren beleidigt, weil er zu spät kam. Schließlich waren sie Berühmtheiten. Und Berühmtheiten ließ man nicht warten!

Und wieder habe ich versagt, dachte Billie und trottete mit hängenden Schultern aus dem Stall. Draußen setzte er sich auf eine Holzbank und blickte traurig auf die weiße Schneelandschaft des Nordpols. Nach einer Weile gesellte sich der Weihnachtsmann zu ihm.

„Ich habe schon nach dir gesucht“, sagte er. „Was ist los?“

Billie erzählte ihm von dem Vorfall mit den Rentieren.

Der Weihnachtsmann nickte. „Kirell hat mir berichtet, wie du ihn gerettet hast. Er hat dir viel zu verdanken. Und um die Rentiere mach dir mal keine Sorgen. Morgen haben sie es schon wieder vergessen.“

Billie seufzte.

„Eins würde ich gerne wissen“, sagte der Weihnachtsmann plötzlich. „Warum wolltest du eigentlich kein Schutzengel mehr sein?“

„Willst du das wirklich wissen?“

Der Weihnachtsmann lachte. „Würde ich dich sonst fragen?“

Also berichtete Billie ihm davon, wie er die kleine Ines versehentlich so erschreckt hatte, dass sie von ihrem

Fahrrad gefallen war. Und wie Tommy das Haus seiner Eltern unter Wasser gesetzt hatte, obwohl Billie über ihn hatte wachen sollen.

Auf der Stirn des Weihnachtsmannes hatte sich eine steile Falte gebildet. „Hm, aber warum hat sich Ines vor dir erschreckt?“, fragte er. „Und wie konnte Tommy das Haus unter Wasser setzen?“

„Ines wollte mit dem Fahrrad die Straße überqueren, dabei hatte sie den Bus übersehen, der gerade um die Ecke bog. Als ich dann plötzlich vor ihr auftauchte, um sie zu warnen, ist sie vor Schreck auf den Ellbogen gestürzt.“ Billie zog die Nase hoch. „Und als Tommy die Badewanne überlaufen ließ, war ich gerade im Garten, um seinen jüngeren Bruder aufzufangen, der vom Baum gefallen war.“

Der Weihnachtsmann starrte ihn ungläubig an. „Billie, also wirklich …“ Scheinbar fehlten dem Weihnachtsmann die Worte.

„Ich weiß“, sagte Billie und ließ die Schultern hängen. „Ich war ein schlechter Schutzengel.“

„Dann will ich dich mal was fragen“, sagte der Weihnachtsmann streng. „Was ist wohl schlimmer?

Von einem Bus angefahren zu werden oder einen harmlosen Kratzer am Ellbogen zu haben?“

„Aber …“, wollte Billie einwenden, wurde jedoch sofort wieder vom Weihnachtsmann unterbrochen.

„Und so ein bisschen Wasser im Haus trocknet wieder. Viel wichtiger ist, dass du Tommys Bruder vor einem gefährlichen Sturz bewahrt hast.“

Billie starrte den Weihnachtsmann überrascht an. „Denkst du das wirklich?“

„Überleg doch mal“, brummte der Weihnachtsmann. „Glaubst du, Petrus hätte dich zu einem Schutzengel gemacht, wenn er nicht überzeugt davon wäre, dass du wirklich gut darin bist?“

„Hm, sicher nicht“, bekannte Billie kleinlaut.

„Na also.“ Der Weihnachtsmann klopfte ihm aufmunternd auf die Schulter. „Und was tust du dann noch hier?“

Am nächsten Morgen stand Billie vor Petrus’ Tür und bat ihn, wieder ein Schutzengel sein zu dürfen.

„Ich wusste, dass du zur Vernunft kommen würdest“, sagte Petrus. „Niemand kann mehr tun, als sein Bestes zu geben. Und das hast du stets getan. Ich hoffe, du hast das endlich eingesehen."

„Dann darf ich wieder als Schutzengel arbeiten?", fragte Billie hoffnungsvoll.

Petrus schmunzelte. „Du kannst sofort damit beginnen. Ich habe auch schon einen Auftrag für dich …"

Michael Borlik

Die Autoren

Michael Borlik begann im Alter von 12 Jahren mit dem Schreiben. Fasziniert von den Erzählungen, die er gelesen hatte, griff er selbst zu Papier und Stift, um eigene Geschichten zu schreiben. Inzwischen sind schon viele dieser Geschichten veröffentlicht worden. Die Homepage des Autors ist unter http://www.borlik.de zu erreichen!

Viviane Eisolds Schutzengel kam 1978 in Leipzig auf die Welt, genau wie sie selbst. Seit nun fast drei Jahren leben die beiden zusammen in Wien (wo auch Naomi wohnt, die noch ein Kind ist, und Mela, die zumindest mal eines war). Sie machen Musik und schreiben für Kinder und Erwachsene Geschichten und Theaterstücke.

Michael Engler wurde 1961 in Niedersachsen geboren. Genau dort, wo der Himmel so weit ist, dass man ihn am liebsten voll zeichnen möchte und die

Landschaft so leer, dass man sie mit Geschichten voll stellen kann. Heute lebt und arbeitet er in Düsseldorf und schreibt dort Geschichten und Theaterstücke für Kinder und Jugendliche.

Oliver Höger, Jahrgang 1968, ist verheiratet und Vater eines Sohnes und einer Tochter. Er ist als Industriekaufmann tätig und schreibt in seiner Freizeit Geschichten für Kinder.

Der Illustrator

Guido Apel, geb. 1970 in Münnerstadt/Unterfranken, lebt seit 1977 im Landkreis Kronach/Oberfranken. Er ist ausgebildeter Druckvorlagenhersteller und arbeitete über 10 Jahre als Werbegrafiker. Um die vielfältigen Ausdrucksmöglichkeiten unterschiedlicher künstlerischer Bereiche voll auszukosten, vereinte er sie in seinem persönlichem Berufsbild. So ist er seit 2000 als freischaffender Grafiker, Illustrator, Fotograf und Musiker tätig.

KINDER SCHATZ

In dieser Reihe ist neu erschienen:

ISBN 3-8112-2540-5

KINDER SCHATZ

ISBN 3-8112-2527-8

Was sollen wir spielen? Liest du uns etwas vor? Solche Fragen kennen alle Eltern. Dieser Sammelband bietet Eltern und Kindern zahlreiche Beschäftigungsmöglichkeiten für jede Gelegenheit. Lustige Rätselreime und Scherzgeschichten, abwechslungsreiche Spiele für drinnen und draußen, fröhliche Lieder und kurze Texte lassen Langeweile gar nicht erst aufkommen!

ISBN 3-8112-2526-X

Noch eine Geschichte! Kinder lieben es, etwas vorgelesen zu bekommen. Und oft können sie gar nicht genug davon bekommen. Dieser Sammelband hält für jeden Anlass die passende Geschichte bereit. Tauchen Sie gemeinsam mit Ihrem Kind in diese mal fantastischen, spannenden und lustigen, mal einfühlsamen und nachdenklichen Geschichten ein, und lassen Sie sich verzaubern ...

Format: 14,2 x 20,1 cm, je 320 Seiten,
durchgehend farbig illustriert

gondolino